Acuario

Silvia Heredia de Velázquez

Acuario

A pesar de haber puesto el máximo cuidado en la redacción de esta obra, el autor o el editor no pueden en modo alguno responsabilizarse por las informaciones (fórmulas, recetas, técnicas, etc.) vertidas en el texto. Se aconseja, en el caso de problemas específicos —a menudo únicos— de cada lector en particular, que se consulte con una persona cualificada para obtener las informaciones más completas, más exactas y lo más actualizadas posible. EDITORIAL DE VECCHI, S. A. U.

© Editorial De Vecchi, S. A. 2019
© [2019] Confidential Concepts International Ltd., Ireland
Subsidiary company of Confidential Concepts Inc, USA
ISBN: 978-1-64461-400-6

El Código Penal vigente dispone: «Será castigado con la pena de prisión de seis meses a dos años o de multa de seis a veinticuatro meses quien, con ánimo de lucro y en perjuicio de tercero, reproduzca, plagie, distribuya o comunique públicamente, en todo o en parte, una obra literaria, artística o científica, o su transformación, interpretación o ejecución artística fijada en cualquier tipo de soporte o comunicada a través de cualquier medio, sin la autorización de los titulares de los correspondientes derechos de propiedad intelectual o de sus cesionarios. La misma pena se impondrá a quien intencionadamente importe, exporte o almacene ejemplares de dichas obras o producciones o ejecuciones sin la referida autorización». (Artículo 270)

Índice

Introducción 11

PRIMERA PARTE: CUESTIONES GENERALES

Mitología y simbolismo................... 15

¿Está seguro de pertenecer al signo Acuario?..... 19

Psicología y características del signo 23
   La personalidad 23
   El niño Acuario 26
   La mujer Acuario 27
   El hombre Acuario 28
   La amistad 29
   Evolución 30
   La casa........................... 31
   Las aficiones 32
   Regalos y colores 33

Estudios y profesión 35
   Estudios ideales 35
   Salidas profesionales................. 36
   Dinero............................ 37

El amor............................... 39
   La mujer Acuario 39
   El hombre Acuario 41

Relaciones con los demás signos: las parejas . . . 42
    Acuario - Aries 42
    Acuario - Tauro 43
    Acuario - Géminis 43
    Acuario - Cáncer 44
    Acuario - Leo 44
    Acuario - Virgo 45
    Acuario - Libra 45
    Acuario - Escorpio 46
    Acuario - Sagitario 46
    Acuario - Capricornio 47
    Acuario - Acuario 47
    Acuario - Piscis 48
Cómo conquistar a un Acuario 48
    A una mujer Acuario 48
    A un hombre Acuario 49
Cómo romper con un Acuario 49
    Con una mujer Acuario 49
    Con un hombre Acuario 50

La salud 51

Ficha del signo 53

Personajes famosos que pertenecen a este signo . . . 55

Segunda parte: EL ASCENDENTE

Cómo calcular el ascendente 59
    Cálculo del ascendente 60

Si usted es Acuario con ascendente... 73
    Acuario con ascendente Aries 73
    Acuario con ascendente Tauro 73
    Acuario con ascendente Géminis 74
    Acuario con ascendente Cáncer 74

Acuario con ascendente Leo 75
Acuario con ascendente Virgo 75
Acuario con ascendente Libra 76
Acuario con ascendente Escorpio. 76
Acuario con ascendente Sagitario 77
Acuario con ascendente Capricornio 77
Acuario con ascendente Acuario 78
Acuario con ascendente Piscis. 78

Tercera parte: PREVISIONES PARA 2019

Previsiones para Acuario en 2019. 81
  Vida amorosa 81
    Enero. 81
    Febrero 81
    Marzo 82
    Abril. 82
    Mayo. 83
    Junio 83
    Julio 83
    Agosto. 84
    Septiembre 84
    Octubre 84
    Noviembre 85
    Diciembre 85
    Para la mujer Acuario. 86
    Para el hombre Acuario. 86
  Salud 86
    Primer trimestre. 86
    Segundo trimestre 87
    Tercer trimestre. 88
    Cuarto trimestre. 89
  Economía y vida laboral 89
    Primer trimestre. 89

    Segundo trimestre 90
    Tercer trimestre 91
    Cuarto trimestre 91
Vida familiar 92
    Primer trimestre 92
    Segundo trimestre 93
    Tercer trimestre 93
    Cuarto trimestre 94

Introducción

¿Por qué he aceptado con entusiasmo la propuesta de escribir un libro sobre Acuario? Por diversos motivos, todos muy válidos; el primero de ellos es que se trata de un signo que me gusta muchísimo.

Acuario, dominado por dos planetas tan distintos como Saturno y Urano, contiene en sí una riqueza de aspectos infinita. Une lo viejo con lo nuevo, las tradiciones y los valores del pasado con los progresos y la tecnología del futuro. Es el signo de la nueva era, la de Acuario, que ha emprendido precisamente durante estos años sus primeros pasos y que promete finalmente la solidaridad y la comunión de todos los seres humanos, más allá de las barreras creadas por las diferencias de raza, cultura, religión y condiciones socioeconómicas.

El que pertenece a este signo de gran apertura mental o que tiene fuertes dominantes de Acuario en el propio tema natal es una persona muy sociable y fascinante, caracterizada por actitudes de inconformismo y el deseo de superar los límites de la realidad cotidiana para desplazarse hacia horizontes más amplios y vastos.

Se trata de personas con numerosos intereses y arrebatos sinceros, que no retroceden nunca a la hora de colaborar o unirse a proyectos humanitarios, preparados para defender a todos los que se encuentran en condiciones de sufrimiento y necesidad.

Su falta de prejuicios y su originalidad me fascinan, junto a su deseo de experimentar siempre nuevos aspectos de la vida real y encontrar relaciones y puntos de contacto.

Tengo que confesar que, debido a mi ascendente Acuario, vivo muchos de estos aspectos cotidianamente y he notado que son precisamente esos, muy a menudo, los que dan el toque de inspiración y vitalidad a la vida: la posibilidad de desdramatizar las situaciones más pesadas y hacer que la existencia sea más alegre y despreocupada. Se trata de la componente de Acuario que contribuye a hacer la vida interesante y movida, a no temer los cambios y a afrontar con confianza las novedades.

Finalmente, uno de los méritos de este signo, hecho de grandes sueños e ideales, es observar con una mirada distinta la naturaleza que nos rodea, apreciar cada pequeño matiz y la poesía que contiene.

SILVIA HEREDIA DE VELÁZQUEZ

Primera parte

CUESTIONES GENERALES

Mitología y simbolismo

El signo zodiacal de Acuario se indica normalmente con dos líneas onduladas horizontales 7. Este glifo, que se remonta al antiguo Egipto, sirve para representar la superficie del agua, que es fuente de vida y don divino. En Egipto se refería a las periódicas y benéficas aguas del Nilo, por las que se daban las gracias a las divinidades.

Aquarius significa en latín «portador de agua» y, de hecho, el undécimo signo del Zodiaco está representado a menudo por un hombre que mantiene entre los brazos un cántaro inclinado del que fluye agua de forma continua. Se trata del agua del conocimiento, que fluye hacia las nuevas generaciones; se trata del agua de la vida, que, al entrar en contacto con el aire, se funde con él y genera la unión entre materia y espíritu, la fusión entre las energías humanas y las cósmicas.

Los mitos más afines a este signo, que nos ayudan a comprender su naturaleza más profunda y qué camino tienen que recorrer estas personas para autorrealizarse, son los de Deucalión y Pirra, de Ganímedes, de Hefesto y de Prometeo.

Ganímedes, un hermoso príncipe troyano, conquistó el corazón de Zeus, que decidió raptarle. El señor del Olimpo adoptó el semblante de un águila y descendió sobre los montes donde el joven estaba pastoreando el rebaño de su padre; planeó hacia él y lo raptó. Lo llevó consigo hasta el

Olimpo para tenerlo cerca y le asignó la función de copero de los dioses: el que vierte la ambrosía, el néctar divino, la bebida de la inmortalidad. Zeus colocó su imagen en el cielo como portador de cántaros, es decir, como *Aquarius*.

Un significativo mito griego de extrema belleza es el que narra la leyenda de Deucalión. Zeus, enfadado por las debilidades y los errores de los hombres, decidió destruirlos con un terrible diluvio. Entonces Prometeo, padre de Deucalión, se lo contó a su hijo, el cual empezó a construirse un arca donde refugiarse junto a su mujer Pirra. La catástrofe se cumplió y sumergió a Grecia y a la humanidad entera durante nueve largos días y nueve largas noches. Sólo Deucalión y Pirra se salvaron y al noveno día tomaron puerto en el monte Parnaso. Allí, la pareja le dio las gracias a Zeus y le pidió al oráculo cómo podrían tener compañeros. La respuesta fue que debían cubrirse los ojos y luego recoger y lanzar por encima de sus hombros los «huesos de la Gran Madre». Recogieron entonces las piedras de la Madre Tierra y las lanzaron; las que lanzó ella se transformaron en mujeres y las que arrojó él, en hombres. Así renació la humanidad, pero se estableció una nueva relación de comunión con la divinidad, que diluyó las discordias entre los seres humanos. Nació una generación nueva, engendrada por la Tierra y basada en la comunión y en la solidaridad humana que miraba hacia delante, en dirección al progreso y la superación del individualismo y del egocentrismo, para alcanzar metas comunes y otros objetivos humanitarios.

La nueva era es la de Acuario, iniciada en estos últimos años, entre los ochenta y los noventa, y que tiene una duración de 2160 años, como todas las eras que ha habido y que continuarán a lo largo de la historia de la humanidad. Nos encontramos, por lo tanto, en una época proyectada hacia el futuro y el progreso tecnológico, hacia los grandes descubrimientos del espacio, los cuales indica también Urania, la diosa de la astronomía, en estrecha analogía con el signo de Acuario. Lo que cada nativo de Acuario debe alcanzar y tener siempre presente para lograr alcanzar su propia autorrealización individual corresponderá con las metas y las direcciones que caracterizarán a toda la humanidad durante los próximos 2000 años. Se trata de los principios de hermandad universal, de comunicación y cooperación a todos los niveles, de los cuales hablaremos de forma más específica en referencia a la evolución personal del nativo del signo.

La condición para una nueva generación está representada simbólicamente por el diluvio universal, presente en todas las tradiciones, que limpia de las culpas y permite el renacimiento. Esto hace pensar en un agua purificadora, que obliga al hombre a abandonar algunos lugares y, por lo tanto, los viejos prejuicios y puntos de referencia, para buscar otros nuevos, más elevados, y construirse espacios protegidos y distintos de los precedentes en unas estructuras más amplias y universales.

Otro mito estrechamente relacionado con Acuario es el de Hefesto, que representa el fuego en varias manifestaciones y a veces incluso se identifica con Vulcano y Prometeo. En la mitología griega, Hefesto es hijo de Hera y Zeus, los cuales lo repudiaron y alejaron del Olimpo por su fealdad y sus malformaciones. Las ninfas cuidaron al pequeño y lo depositaron en la isla de Lemnos, donde se le aceptó y se le amó. Al crecer, manifestó muy pronto unas excelentes dotes de artesano y herrero y se convirtió en un prodigioso maestro en el arte de fundir y moldear los metales y, además, es autor de extraordinarias invenciones mecánicas. Apoyado por la racionalidad y la intuición, trabajaba en sus fundiciones subterráneas con gran ingenio y habilidad. Sin embargo, se enamoró de la bella Afrodita y utilizó todo tipo de argucias para conquistarla, actuando de forma astuta y egocéntrica.

Hefesto, como los nativos de Acuario, encierra en sí tendencias contrapuestas: el deseo de comunicarse a un nivel más profundo y elevado, pero también el encasillamiento en esquemas mentales utópicos; la propensión hacia altos ideales y realizaciones, pero también la negación de acciones prácticas y concretas: el altruismo y el egocentrismo unidos.

¿Está seguro de pertenecer al signo Acuario?

Si ha nacido el 20 o el 21 de enero puede verificarlo en la siguiente tabla. Los datos se refieren a las horas 0 de Greenwich. Para los nacidos en España, es necesario añadir una o dos horas al horario (véase tabla de la pág. 63).

día	hora	min
21.1.1904	10	58
20.1.1905	16	52
20.1.1906	22	43
21.1.1907	4	31
21.1.1908	10	28
20.1.1909	16	11
20.1.1910	21	59
21.1.1911	3	52
21.1.1912	9	29
20.1.1913	15	19
20.1.1914	21	12
21.1.1915	3	0
21.1.1916	8	54
20.1.1917	14	37
20.1.1918	20	25
21.1.1919	2	21
21.1.1920	8	4
20.1.1921	13	55

día	hora	min
20.1.1922	19	48
21.1.1923	1	35
21.1.1924	7	28
20.1.1925	13	20
20.1.1926	19	13
21.1.1927	1	12
21.1.1928	6	57
20.1.1929	12	42
20.1.1930	18	33
21.1.1931	0	18
21.1.1932	6	7
20.1.1933	11	53
20.1.1934	17	37
20.1.1935	23	28
21.1.1936	5	12
20.1.1937	11	10
20.1.1938	16	59
20.1.1939	22	51
21.1.1940	4	44
20.1.1941	10	34
20.1.1942	16	24
20.1.1943	22	19
21.1.1944	4	7
20.1.1945	9	54
20.1.1946	15	45
20.1.1947	21	32
21.1.1948	3	19
20.1.1949	9	9
20.1.1950	15	0
20.1.1951	20	52
21.1.1952	2	39
20.1.1953	8	22

día	hora	min
20.1.1954	14	11
20.1.1955	20	2
21.1.1956	1	49
20.1.1957	7	39
20.1.1958	13	29
20.1.1959	19	19
21.1.1960	1	10
20.1.1961	7	1
20.1.1962	12	58
20.1.1963	18	54
21.1.1964	0	41
20.1.1965	6	29
20.1.1966	12	20
20.1.1967	18	8
20.1.1968	23	54
20.1.1969	5	39
20.1.1970	11	24
20.1.1971	17	13
20.1.1972	22	59
20.1.1973	4	49
20.1.1974	10	46
20.1.1975	16	37
20.1.1976	22	25
20.1.1977	4	15
20.1.1978	10	4
20.1.1979	16	0
20.1.1980	21	49
20.1.1981	3	36
20.1.1982	9	31
20.1.1983	15	17
20.1.1984	21	5
20.1.1985	2	58

día	hora	min
20.1.1986	8	47
20.1.1987	14	41
20.1.1988	20	25
20.1.1989	2	7
20.1.1990	8	2
20.1.1991	13	48
20.1.1992	19	33
20.1.1993	1	23
20.1.1994	7	8
20.1.1995	13	1
20.1.1996	18	53
20.1.1997	0	43
20.1.1998	6	47
20.1.1999	12	38
20.1.2000	18	24
20.1.2001	0	17
20.1.2002	6	2
20.1.2003	11	54
20.1.2004	17	43
19.1.2005	23	23
20.1.2006	5	16
20.1.2007	12	2
20.1.2008	17	45
19.1.2009	22	41
20.1.2010	4	29

Psicología y características del signo

La personalidad

Los nativos de Acuario poseen casi siempre una personalidad muy original, inconformista y carente de prejuicios. Les gusta tener muchos amigos a su alrededor, con los cuales pueden ingeniárselas para proyectar cosas extravagantes y divertidas, que se salgan de los cánones habituales y de la rutina normal.

Dominados por el planeta Urano, están predispuestos naturalmente al progreso y a la tecnología, además de ser defensores de ideologías de vanguardia y de innovaciones de todo tipo.

Preparados para ser los primeros en afrontar cualquier experiencia nueva, luchan sin tregua para defender aquello en lo que creen y están incluso dispuestos a pagar las consecuencias con su propia piel.

En realidad, los Acuario son grandes idealistas, que se entusiasman y se acaloran por grandes ideales de humanidad y solidaridad universal, a los cuales se adhieren a menudo de forma absoluta, sin términos medios. Esta tendencia puede hacer que sean intransigentes sobre ciertas posiciones utópicas que difícilmente se llevarán a cabo.

Se establece una analogía entre Acuario y la undécima casa, que se refiere a la amistad y a las relaciones interpersonales espontáneas y desinteresadas. Indica además la propia armonía interior y la comunión de valores con el exterior. Los nativos de este signo consideran la amistad como algo esencial, más importante tal vez que la relación de pareja. ¡Y no sólo eso! Buscan continuamente objetivos comunes y metas colectivas que han de alcanzar junto con el resto de los seres humanos. Pero por otro lado, si no encuentran a su alrededor a personas igualmente altruistas y siempre dispuestas, pueden llegar a encerrarse en un cierto individualismo estéril y convertirse en unos rebeldes, verdaderos destructores de las reglas. Por esta razón, a menudo los Acuario se muestran como auténticos opositores o anarquistas.

En su forma de vestir, por ejemplo, emerge esta natural tendencia a la originalidad: en ella habrá siempre algo extravagante e inconfundible que hará que destaquen entre la gran masa, fuera de los cánones fijos de la moda. Con esto no se quiere indicar que sean esnobs, sino que, al contrario, se trata sencillamente de que los uniformes y las ropas iguales, sin personalidad, no encajan con ellos. A menudo, con sus gustos de vanguardia, son precursores de las modas futuras, las cuales intuyen antes que los demás; enseguida aceptan las nuevas ideas, aunque luego se cansan muy pronto de ellas.

No tienen escrúpulos y frecuentan ambientes de todo tipo, sobre todo grupos que se ocupen de ideologías minoritarias y que abarquen distintos campos relacionados con la psique y la mente. Lo importante es que aquellos que se encuentran a su lado no sean esclavos de los prejuicios y del conformismo o que, por lo menos, no condicionen su propia libertad de pensamiento y de autoexpresión.

Su espíritu es completamente independiente y necesitan de manera absoluta autonomía y libertad. Por lo tanto, la pareja no podrá mostrarse nunca celosa o posesiva, ni tener pretensiones de hacer planes y programas a largo plazo. La persona que está con un Acuario puede esperarse de todo: transformaciones súbitas, novedades de todo tipo, cambios totales de costumbres. Pero un Acuario no está siempre dispuesto a aceptar las ideas y los cambios de la persona que está a su lado.

La afirmación social y el ascenso hacia el éxito no son metas que le atraigan mucho, sobre todo si para realizarlas es necesario competir con vitalidad y seguir ritmos demasiado frenéticos e inhumanos. Sólo si el nativo no ha conseguido colocarse todavía en el camino que le indica su signo natal se mostrará arribista y oportunista, preparado para aprovechar cada ocasión en su favor; en tal caso, pueden surgir aspectos de avaricia y de prepotencia. En cambio, cuando Acuario sigue de forma armoniosa su verdadera naturaleza, rechaza los compromisos y se muestra hábil, intuitivo y racional en la programación y en la realización de sus objetivos altruistas. Entonces, domina bien las situaciones, tiene capacidad de decisión y un fuerte magnetismo, conquista a las personas que le rodean y convence a los demás de sus propias opiniones.

Un rasgo típico de Acuario es el distanciamiento que asumen sus nativos en muchas situaciones, los cuales evitan los compromisos emotivos y demasiado instintivos. Prefieren aclarar las cosas y hacerse una opinión precisa antes de actuar y, en el caso de que consideren que el asunto es erróneo por alguna razón, no dudan en ningún momento en romper los lazos de unión o interrumpir la colaboración.

Es difícil que se lamenten por el pasado, pues miran casi siempre hacia delante, al futuro, aunque algunas de sus decisiones podrían hacer sufrir a más de uno.

De todos modos, su personalidad es imprevisible e incomprensible, y fascina y conquista a aquellos cuyo destino se entrelace con el suyo.

El niño Acuario

El pequeño Acuario se distingue normalmente de los demás niños por su originalidad e ingenio. Posee, ya desde su infancia, una personalidad destacada que se expresa con exigencias precisas de autonomía y a través del deseo de comprender y razonar sobre las cosas.

Tiene muchos amigos y se comunica con ellos para satisfacer su propio deseo de saber y de intercambiar lo que piensa y siente con las personas queridas.

Normalmente este niño busca el diálogo con los padres, con los que se abre de forma inmediata y espontánea, a menos que estos intenten imponerle reglas rígidas y principios indiscutibles. Quiere entender el motivo de las cosas y no estar obligado a obedecer a una autoridad que sea severa e intransigente.

Su natural espíritu de rebelión y de protesta debería refrenarse en cierta manera, pero siempre de modo que resulte distanciado y discreto, sin intervenciones directas y castigos, los cuales sólo producirían efectos contrarios a los deseados.

Este nativo mira desde pequeño hacia el futuro; se siente atraído por la tecnología y por los productos del progreso y, por lo tanto, podremos verlo jugando con videojuegos, aparatos modernos, juegos de construcción, mecánica y electricidad. Fascinado por todo lo nuevo, no tendrá problemas para estar solo e ingeniárselas para entender y descubrir cómo funcionan todos los objetos de su interés. Pero luego querrá comunicar a las personas queridas y a los amigos sus descubrimientos, entusiasmado por tales novedades.

Además, no debe olvidarse que este pequeño nativo de Acuario ama la naturaleza, el mundo animal y algunas expresiones artísticas.

La mujer Acuario

La mujer Acuario, nacida bajo el signo del Zodiaco que se siente más atraído por la libertad, es casi siempre autónoma y autosuficiente en los distintos campos de la existencia. Intenta construirse su independencia económica para no tener que dar cuentas a nadie de sus propias elecciones y decisiones. De hecho, soporta mal las restricciones de su propia libertad y que alguien le diga qué es lo que tiene o no tiene que hacer.

Así pues, a su pareja le pedirá que respete sus decisiones y rechazará cualquier forma de celos y sentimientos de posesión, que para ella no son más que indicios de falta de confianza y de verdadero amor.

Esta mujer es fascinante y variable, capaz de presentar aspectos siempre distintos de sí misma y ser de esta forma un poco misteriosa e impenetrable. Podemos verla a veces dulce y apasionada, otras algo distante y discreta. De todos modos, normalmente es sensible y respetuosa con los sentimientos ajenos, más que fogosa e irresistible.

La amistad y la solidaridad son para ella valores fundamentales por los que está dispuesta, a menudo, a poner en segundo plano las uniones sentimentales. Siente atracción por la aventura, por todo aquello nuevo y extravagante; por lo tanto, se relacionará poco con personas de costumbres muy tradicionales.

Tiende a crearse muchas aficiones e intereses arriesgados que sabe cultivar hábilmente y desarrollar durante su tiempo libre.

Es una buena madre que intenta infundir a los hijos principios humanitarios, respeto y altruismo; intenta entablar con ellos un diálogo abierto y libre de prejuicios.

Cuando decida unirse a alguien, será una compañera fiel, atenta y sincera, que hará que la vida en pareja sea muy vital y movida, caracterizada por viajes, intereses variados y una vida social plena.

El hombre Acuario

El hombre de este signo ha nacido libre y lo expresa en todas las facetas de su vida. No le gustan las obligaciones y las limitaciones a su libertad de acción y se proyecta continuamente hacia el futuro y las innovaciones.

No es fácil que contraiga matrimonio porque, entre otras cosas, no comprende por qué tiene que legalizarse una unión sentimental. Tiene una aversión natural por la burocracia y las reglas fijas, pero un gran respeto por los demás, por sus deseos y por sus exigencias.

Se trata de un hombre sencillo y de buen gusto que sabe galantear con gracia y busca puntos de entendimiento a distintos niveles. Generalmente no es muy pasional y sensual, pero sí muy fascinante, inteligente e intuitivo. Cuando decide escoger a una pareja fija sabe ser fiel y afectuoso, aunque no pierde su deseo de evasión ni su espíritu de aventura.

La rutina y la monotonía no van con él y difícilmente se aburre, puesto que sabe crearse siempre muchos estímulos e intereses y animar cualquier situación.

Las relaciones de amistad son fundamentales para él y, de hecho, sabe dar, en este campo, toda su comprensión y disponibilidad, a pesar de que no sea siempre constante a la hora de llevar a buen fin los contactos. Otorga su confianza de forma espontánea, pero si lo desilusionan no tiene escrúpulos para romper las relaciones afectivas y sentimentales, incluso sin dar explicaciones y justificaciones.

En el trabajo, si le gusta y está convencido de ello, da el máximo de sí mismo y obtiene normalmente resultados óptimos, sobre todo gracias a su inteligencia analítica, sus buenos reflejos y su intuición para hallar las mejores soluciones. Por otro lado no tiene problemas ni en las relaciones sociales ni en las de trabajo, pero no soporta los ambientes demasiado cerrados que se rigen por reglas férreas. Se trata de un hombre libre que necesita sentir siempre su autonomía.

La amistad

La tradición sitúa al signo zodiacal de Acuario en estrecha relación con la Undécima Casa, la de las amistades. De hecho, para estos nativos, la amistad es un valor muy importante que a veces tienden a idealizar y a ver de la forma más sublime posible.

El nativo Acuario es, por su íntima naturaleza, el amigo perfecto, dispuesto a hacer sacrificios y renuncias en favor de la persona que ha conquistado su confianza y su afecto. Con los verdaderos amigos ama compartir altos ideales y proyectos para el futuro, sueños de paz y de solidaridad entre todos los seres vivos. De todos modos, también comparte con ellos otros intereses de diversos tipos que satisfacen su curiosidad y su deseo de renovación y transformación continua. Sabe identificarse con los problemas ajenos, aunque su disponibilidad a menudo no es constante, sino que está regulada por los entusiasmos del momento. Esta discontinuidad no se debe interpretar como insensibilidad, sino sencillamente como la expresión de una naturaleza móvil y rica que necesita numerosos contactos e intercambios recíprocos. También en esta vertiente precisa un respeto mutuo y libertad, además de una extrema corrección en el comportamiento; si faltan estos valores, Acuario romperá sin dudar la relación. Difícilmente volverá sobre sus pasos porque ya no conseguirá restablecer los sentimientos precedentes y la espontaneidad.

El nativo Acuario tiene una vida social muy rica y variada: de hecho, le gusta frecuentar ambientes diferentes y personas extravagantes, con ideas originales y gustos insólitos. Sabe organizar muy bien encuentros y citas uniendo, a menudo un poco al azar, a personas de ambientes y costumbres completamente distintas entre sí.

Evolución

Acuario es el tercer signo perteneciente al elemento Aire, después de Géminis y Libra; indica intercambio, comunicación y adaptabilidad. En Géminis predominan las relaciones de la mente, las dotes oratorias, los intercambios comerciales y sociales; en Libra se exaltan las relaciones de pareja, los sentimientos y la atención hacia la armonía de las formas; en Acuario, en cambio, predominan las relaciones más amplias, la amistad, el trabajo en equipo, los ideales sociales y humanitarios.

Se trata de un signo dominado por dos planetas muy distintos entre sí: Saturno y Urano. El primero indica el camino del deber, de las meditadas y sufridas realizaciones concretas, paso tras paso, en la cotidianidad; Urano, en cambio, nos habla de entusiasmo y aspiraciones futuras, metas muy altas y a menudo utópicas, más allá de lo concreto y tangible.

El que nace bajo el signo de Acuario tiene que poner en marcha en sí mismo el principio de comunicarse, de forma auténtica y cósmica, a todos los niveles. Pero para hacer esto es necesario librarse de los condicionantes externos, de los prejuicios y de los esquemas fijos, que impiden ser realmente uno mismo y hacer emerger las mejores dotes. Se trata de afirmar y buscar la propia autonomía y libertad, además de superar las situaciones restringidas, las cuales no dejan espacio para una expresión personal libre y completa.

De esta forma, el camino de los Acuario es el de la superación del individualismo y del egocentrismo, para abrazar espacios y estructuras más amplias, dedicándose a diversas relaciones interpersonales del ámbito privado —las amistades y los conocidos— y profesional, a través de colaboraciones y asociaciones.

Los Acuario no pueden estar con quien limita su libertad de expresión o no comparte sus ideales y altísimas aspiraciones. En su naturaleza encontramos el cambio, la búsqueda de lo nuevo, por lo que toman distancias de las costumbres y de las tradiciones ancladas en el pasado. Por naturaleza, este nativo podrá temer, a la hora de poner en marcha tales transformaciones, la pérdida de lo que posee y quedarse en solitario, sin puntos de referencia sólidos. No obstante, se trata de un error porque precisamente un Acuario sabe intuir y moverse hábilmente en esa dirección y sólo si actúa de esta forma podrá evolucionar y hacer que sus propias riquezas interiores emerjan.

La otra tendencia innata en estos nativos, que llevada al exceso puede ser negativa, es el idealismo, el cual puede no dejarle ver la dimensión concreta y práctica de las cosas y hacer que se pierdan en la utopía, es decir, en perseguir metas irrealizables. Deben esforzarse continuamente en tener los pies en el suelo y concretar sus bellos ideales.

La casa

Si observa su hogar, podrán descubrir muchos detalles. No se trata de un gran amante del orden y de la precisión; de hecho, se verán varios objetos dejados fuera de sitio con naturaleza y descuido, sobre todo porque, según el nativo Acuario, una casa vivida es mucho más bella e interesante que una vivienda rigurosamente en orden.

Le gustan los grandes cojines y los sofás, donde conseguir que amigos y huéspedes, que normalmente son numerosos, se sientan cómodos. No faltarán tampoco objetos especiales, piezas raras y extravagantes que difícilmente se pueden encontrar en cualquier otro sitio. Prefiere las combinaciones fuertes y los contrastes, por lo que decorará su casa de forma excéntrica, mezclando a menudo lo antiguo con lo moderno, aunque sus preferencias recaerán sobre objetos de vanguardia y muebles de moda. Acuario se sentirá realmente bien en una casa con habitaciones amplias y espaciosas y con las paredes repletas de cuadros que reflejen sus altos ideales y su proyección hacia el futuro.

Las aficiones

Para un nativo de Acuario, el tiempo libre es una cosa sagrada que tiene que ocuparse de la mejor forma posible; le sirve para pasar de un campo al otro, de un interés al otro, siempre atento a la hora de cultivar relaciones humanas armoniosas y vitales. Su vida social es muy rica, pues sus aficiones y gustos son diversos y puede compartirlos con personas diferentes, según el momento y el humor.

No desprecia los locales donde ir a beber o comer en alegre compañía, el cine, el teatro y las exposiciones. A menudo prefiere algo más tranquilo y relajante, en contacto con la naturaleza y los animales, que ama y observa a menudo con curiosidad y ternura.

Su vitalidad y vivacidad lo conducen a practicar varios deportes, por los cuales se siente muy atraído. Puesto que es apto para las colaboraciones y las actividades en grupo, están particularmente indicados los deportes de equipo, en los que puede destacar por su rapidez de reflejos y asumir sin problemas el papel de capitán. El eclecticismo del nativo de Acuario lo predispone para la práctica de cualquier deporte que quiera emprender; sólo tiene que estar convencido de ello sin presiones externas. Es veloz y hábil, por lo tanto puede destacar en las carreras, el salto, el tiro al blanco, la equitación, el esgrima y puede divertirse también con el ala delta.

El nativo de este signo de fraternidad universal dedicará una buena parte de su tiempo libre al apoyo de los ideales humanitarios: se inscribirá en asociaciones y círculos que se dedican a la defensa de los derechos humanos, de los débiles y de los oprimidos, con el objetivo de superar las barreras que dividen a los seres humanos, más allá de los prejuicios y de las discriminaciones de raza, religión y cultura. Defenderá a capa y espada el equilibrio natural y el mundo animal. También resulta ideal para organizar encuentros, citas y proyectos al respecto.

Regalos y colores

Quien quiera hacerle feliz le podrá regalar suscripciones a revistas y libros relacionados con sus intereses humanitarios, que hablen de argumentos muy vastos o hagan referencia a diversas concepciones de todos los países.

También le agradecerá cualquier regalo extravagante, pues un objeto particular que se salga de lo común seguro que le hará feliz.

No podemos olvidar que el nativo Acuario es una persona extremadamente moderna, que vive al ritmo de los tiempos y se siente atraído por la tecnología y los descubrimientos de vanguardia. Así pues, le gustarán los equipos de música y audiovisuales, las calculadoras, los ordenadores personales y los radioteléfonos. También aceptará cualquier cosa útil para la casa, como electrodomésticos prácticos que le permitan ahorrar tiempo.

Se ha probado de forma experimental que los colores que nos rodean son muy importantes, puesto que influyen en nuestra salud y en nuestro estado emotivo. Por lo tanto, es apropiado que cada uno adopte los colores que más combinan con él, según el estado físico y psíquico del momento, para encontrarse cómodo en los ambientes en los que vive y trabaja, o para sentirse bien con la ropa que se pone. Así, el nativo Acuario debe rodearse y ponerse colores cercanos a las tonalidades del gris: gris perla, antracita, plata; en lo que se refiere a algunos objetos y al automóvil, ha de decantarse por los colores metalizados. También le queda bien el verde bastante brillante, un tono que les aporta serenidad y calma. Pero en algunas ocasiones se encontrará cómodo, tanto en el vestuario como en la decoración, con accesorios y fondos de color negro.

Estudios y profesión

Estudios ideales

En los estudios, el nativo de Acuario se muestra muy vital y curioso; se entusiasma al momento con las materias que le apasionan, pero no siempre es constante al profundizarlas y proseguir su estudio con constancia y precisión.

Es inteligente e intuitivo, capaz de aprender conceptos complicados siempre que le interesen por alguna razón.

En la escuela se mostrará independiente, simpático y muy sociable: triunfará en las actividades de colaboración y cooperación con los demás compañeros; los trabajos en equipo son su fuerte, sobre todo porque le gusta compartir con los demás sus entusiasmos y pequeños descubrimientos. Entre los compañeros suele asumir con placer el papel de pacificador y mediador.

Acuario es apto para los estudios científicos, técnicos y técnico-industriales, porque obtiene buenos resultados en matemáticas y física, en electrónica industrial, en electrotecnia y en construcciones aeronáuticas.

Los Acuario que no tengan muchas ganas de estudiar pueden frecuentar con éxito cursos de electromecánica y de electricista en los que podrán sobresalir por su destacada habilidad manual.

Su amor y la predisposición por la técnica y los descubrimientos más modernos y avanzados los hacen sobre todo idóneos para emprender estudios de electrónica y de informática.

Su talento e inventiva les inclina también hacia los estudios experimentales y artísticos, que les permiten satisfacer su inconformismo y el deseo de renovación.

Salidas profesionales

El nativo Acuario destaca normalmente en el ámbito laboral por su espíritu rebelde, su rechazo a las reglas y a los horarios demasiado rígidos. En un ambiente donde reinan férreas reglas jerárquicas, poca elasticidad y apertura mental, se siente literalmente como un animal enjaulado y, en cuanto pueda, saldrá corriendo sin plantearse muchos problemas. Prefiere claramente un trabajo menos remunerado, pero que le dé la posibilidad de realizarse, antes que una actividad de prestigio y bien pagada, pero que reprima su libertad de pensamiento y de acción.

Triunfa sólo cuando el trabajo le entusiasma y estimula en la búsqueda y en la profundización; en las actividades monótonas y rutinarias normalmente es un verdadero fracaso. Por lo tanto, los trabajos de precisión y método, además de las actividades de tipo administrativo y práctico, no son realmente los más adecuados para un espíritu libre y vital como el de los Acuario.

Podrá tener éxito en profesiones en el ámbito de los medios de comunicación, en el cine, la televisión y el periodismo, en las que destacará por su intuición, por su inventiva y por su capacidad de atrapar al vuelo las situaciones más significativas.

Su naturaleza moderna y de vanguardia, además de su predisposición, lo hace apto para profesiones tecnológicas y científicas, como la informática y la ingeniería.

De todos modos, no son arribistas porque detestan las luchas jerárquicas y los juegos de poder; prefieren renunciar a posiciones de prestigio en lugar de querer mantener fuertes competiciones y vivir en un ambiente cargado de tensión y bajo el lema de un oportunismo desenfrenado.

No tienen siempre un gran sentido de la responsabilidad y dedicación al trabajo, puesto que no quieren renunciar normalmente a sus aficiones y a las actividades deportivas. Intentan que las horas de trabajo no invadan su tiempo libre y su vida privada.

Cuando emerge en ellos la componente uraniana pueden mostrarse bastante oportunistas, incluso muy hábiles y diplomáticos en la consecución de sus objetivos.

Para obtener el éxito tendrán que procurar estar más bien dispuestos a la mediación y, tal vez, a aceptar compromisos que puedan satisfacer a ambas partes. Un exceso de testarudez y anarquía podría ser perjudicial para su carrera. Por otra parte, no pueden ignorar su naturaleza independiente y, por ello, en la elección de la actividad y del ambiente de trabajo deberán dirigirse hacia profesiones libres, actividades de colaboración y sectores que, por lo menos, los fascinen y los atraigan profundamente.

Podrían satisfacer sus altas aspiraciones e ideales dedicándose a actividades humanitarias, siendo psicólogos, sociólogos o sindicalistas, pero en tal caso deberán estar atentos para no dejarse arrastrar por sus ideales hacia metas irrealizables y perder el contacto con las realidades más prácticas y tangibles.

Dinero

El dinero no es para el nativo de Acuario uno de los fines principales de su existencia, sino simplemente un medio para tener esa cierta disponibilidad económica que les permite llevar una vida interesante y variada, sin obsesiones ni excesivas preocupaciones económicas.

De hecho, a Acuario le gusta gastar su dinero sobre todo para cultivar sus propias aficiones e intereses, que son muchos y de distinto tipo, y a menudo costosos. No suele ahorrar casi nunca para la decoración de su casa u objetos de utilidad práctica para su despacho, pues quiere encontrarse en ambientes cómodos y espaciosos, adecuados también para recibir a amigos y conocidos. Además, debido a que las cosas concretas no son realmente su fuerte, cualquier máquina que le haga ahorrar tiempo será una buena compra.

Este signo altruista y humanitario no tiende a acumular dinero: no es avaro pero tampoco un buen ahorrador. A pesar de esto, normalmente no tiene grandes problemas económicos porque no se crea demasiadas preocupaciones al respecto y también porque sus óptimas dotes y capacidades le permiten desarrollar casi siempre actividades gratificantes y remunerativas.

Tiene un gran olfato para los negocios y difícilmente le engañan o le embaucan. No deja escapar las buenas ocasiones para hacer carrera y ganar, aunque no es un arribista ni un manipulador. Es astuto en el momento justo, tiene reflejos y es intuitivo.

El amor

La mujer Acuario

Independiente, libre, sólo responde ante sí misma de sus propias acciones y decisiones, incluso en el amor. Pero no por ello se trata de una mujer intransigente o arisca, sino que sólo quiere tener su propio espacio personal y está dispuesta a respetar el de la persona con quien quiere establecer una relación de respeto mutuo.

Sus altos ideales humanitarios le hacen ser interesante y estimulante, con muchas aficiones y una extraordinaria carga de entusiasmo y ganas de explorar cosas nuevas. Será un verdadero placer conversar con ella e intercambiar ideas y opiniones sobre cualquier campo del conocimiento humano, pero con una atención especial hacia los valores de igualdad y solidaridad, y del respeto a la naturaleza y los animales.

En su compañero busca muy a menudo afinidades electivas, entendimiento en el ámbito mental y entusiasmo y apertura hacia el futuro. Es feliz de compartir con él experiencias nuevas, ideas originales y proyectos extraños.

Le gustan mucho las improvisaciones, los cambios de programa y las personas fuera de lo común.

Exigirá de su pareja una absoluta igualdad de derechos y deberes, y no soportará durante mucho tiempo una mentalidad machista, puesto que la mujer Acuario se encuentra entre las más emancipadas de todo el Zodiaco.

A pesar de su apertura mental y su disponibilidad, a menudo no manifiesta abiertamente sus sentimientos con afecto y ternura. Se trata de una mujer sensible pero que mantiene una cierta distancia y racionalidad. En la relación sexual es pretenciosa y bastante segura, con ideas claras sobre sus propias exigencias, unidas al deseo de alcanzar un entendimiento más que satisfactorio para ambos. De todos modos, no se trata de una mujer excesivamente pasional, que se deje arrastrar por experiencias comprometidas y conflictivas, puesto que el sexo en la relación no es suficiente para ella y no ocupa el primer lugar en la escala de sus valores y deseos.

No es una casualidad que la mujer Acuario establezca relaciones afectivas bastante libres basadas en el inconformismo. Si no está realmente convencida, no hace promesas ni demandas de ningún tipo: sabe vivir el momento con espontaneidad, sin crearse ningún conflicto. En cambio, cuando cree que ha encontrado a la persona ideal se une a ella sin problemas y es fiel y atenta; en ese caso desea el matrimonio, una relación estable en la que pueda dar y recibir afecto recíproco.

Sabe ser muy hospitalaria y cordial con los amigos, conocidos y vecinos. Pero los trabajos del hogar le resultan muy pesados y es un poco descuidada e irregular: todo lo rutinario y muy práctico es contrario, de hecho, a su naturaleza; por lo tanto, no tendrá dificultades, en cuanto sea posible, en delegar estas aburridas tareas a su pareja o a una empleada doméstica.

A veces idealiza demasiado su relación de pareja y pretende que sea perfecta, sin entender que también la pareja puede tener debilidades y defectos.

Es ella la que normalmente otorga vitalidad al amor, tomando la iniciativa y comprometiendo a la pareja en experiencias nuevas y emocionantes aventuras.

El hombre Acuario

Se trata de un hombre muy autónomo, lleno de intereses, que difícilmente se dejará condicionar o limitar por amor. En primer lugar está su libertad y las ganas de explorar y experimentar directamente cosas nuevas. Por lo tanto, se siente atraído por las mujeres especiales, extravagantes, con algún toque de talento y una marcada personalidad.

Tiende a no unirse de joven y prefiere mantener relaciones sin compromisos que le permitan cultivar tranquilamente sus intereses, disponer de su tiempo sin tener que rendir cuentas a nadie y, sobre todo, satisfacer sus ganas de cambiar.

En el amor es pretencioso y, cuando decide unirse seriamente a alguien, le exige el máximo a todos los niveles.

En las relaciones sexuales, el hombre Acuario se encuentra realmente entre los signos más desinhibidos de todo el Zodiaco: es fantasioso, creativo, no tiene tabúes y pretende que su pareja también sea así. Por otro lado está muy disponible y deseoso de crear un buen entendimiento en el ámbito físico, aunque no por ello lo considera la cosa más importante de la relación.

En el ámbito afectivo es amable y está atento a las exigencias de la pareja, aunque a menudo no es expansivo ni tierno en la expresión de sus sentimientos. Difícilmente se deja llevar por las pasiones fuertes, llenas de altibajos, discusiones y reconciliaciones y, muchos menos, por los melodramas. Sabe muy bien lo que quiere y lo persigue con equilibrio, utilizando el razonamiento e intentando ver, de forma objetiva, los lados positivos y negativos de la relación.

La apertura mental, el buen gusto y la predisposición por los intercambios humanos e intelectuales son sus mejores virtudes.

Se trata de un idealista nato, que quiere compartir con su mujer los valores y las opiniones además de una gran diversidad de aficiones e intereses culturales. Con él la vida es variada y emocionante: viajes, improvisaciones, veladas en alegre compañía, cine, exposiciones, teatro y deporte, harán que la vida en pareja sea siempre rica y animada. Una mujer demasiado hogareña y unida a los valores tradicionales podrá tener algún problema para seguirlo en su deseo de exploración, de inconformismo y ruptura de los esquemas normales. Su pensamiento está proyectado siempre hacia el futuro; todo lo que es vagamente repetitivo, como las fiestas establecidas, las excursiones dominicales y las comidas con los parientes, le vuelven intolerante y nervioso. Quiere que su relación de amor sea distinta de las demás, fuera de los caminos cotidianos, y desea que se desarrolle con algo de anarquía, extravagancia y modernidad.

No es fácil que se decida a dar el gran paso, pero en el fondo, si la mujer que está a su lado no lo reprime, es muy feliz de encontrar un puerto seguro donde poder estar tranquilo y alternar sus alocadas acciones con una situación hogareña de paz y serenidad.

Relaciones con los demás signos: las parejas

Acuario - Aries

Esta pareja tiene buenas cartas para triunfar. El fogoso Aries arrastra normalmente al más tranquilo Acuario en sus impulsos y apasionamiento; Acuario, por su parte, implica a Aries en sus ideales y en sus altas aspiraciones. Tienen en común el amor por lo imprevisto y las novedades, son una pareja seguramente vital, llena de entusiasmo y de ganas de hacer muchas cosas en alegre y despreocupada compañía. Podrán compartir intereses y pasiones como el deporte y la naturaleza, mientras que otras facetas, inherentes a los principios humanitarios y sociales, tendrá que seguirlas Acuario en solitario. En la relación sexual, el entendimiento es muy bueno, puesto que la fantasía de Acuario se completa con el apasionamiento de Aries, que, de todos modos, tendrá que evitar completamente las escenas de celos.

Acuario - Tauro

La calma, que a menudo caracteriza a la pareja Tauro, atrae al insolente Acuario y le da un sentido de seguridad y paz. Pero, por otro lado, las ganas de libertad y de inconformismo de Acuario pueden inquietar a Tauro, que ha de retenerse mucho para no caer en escenas de celos y preguntas continuas de confirmación de la solidez de la unión. Ambos están poco dispuestos a ceder en sus propias convicciones y decisiones y a veces tienen problemas para encontrar puntos de encuentro y soluciones de compromiso, todo ello también por la proverbial testarudez de la pareja Tauro. Este último contribuye en la unión con su sentido práctico, que casi siempre está ausente en Acuario. La fuerte sensualidad de Tauro atrae pasionalmente la curiosidad y la creatividad de Acuario, pero sólo si no desemboca en celos y limitaciones que este no soportaría durante mucho tiempo.

Acuario - Géminis

Los dos signos de aire comparten la predisposición al intercambio, a la comunicación y a la socialización. Les gusta ocuparse de muchas cosas diversas, cultivar contactos sociales y amistades, intercambiar opiniones e ideas. En el ámbito intelectual se entienden muy bien: son inteligentes y curiosos, aunque Acuario es más inconformista, un aspecto que fascina a los Géminis; en cambio, este último es sutilmente irónico y buen hablador, unas características que conquistan a los Acuario. Podrían plantearse problemas por una cierta tendencia al egoísmo y al oportunismo que podría ser, incluso de forma distinta, común en ambos. No son ni posesivos ni celosos y esto les permite una convivencia civilizada, con una estima y un respeto mutuo, y también, quizás, una sexualidad más cerebral que pasional, que, de todos modos, une y gratifica a esta pareja que tiene posibilidades de ser duradera.

Acuario - Cáncer

Esta es una de las uniones más complicadas, debido a la diversidad de carácter y de objetivos de estos dos signos. El Cáncer, perteneciente al elemento Agua, es mucho más sensible y receptivo, atento a los matices y a las pequeñas cosas; Acuario, signo de aire, es más despreocupado y adaptable, tiende a distanciarse y a no comprometerse. El primero desea construir un hogar y necesita continuas confirmaciones y afectuosidad; el segundo, en cambio, es un poco distante, tiene miedo a la unión y al compromiso durante mucho tiempo. De esta forma podría existir la tentación, por parte de Cáncer, de «atrapar» a su pareja y convertirla en una relación un poco cerrada y tradicional, algo que difícilmente conseguirá atraer a Acuario, de naturaleza inconformista y libre de prejuicios.

Acuario - Leo

Leo es el signo que en el círculo zodiacal se encuentra opuesto a Acuario, por lo tanto, chocarán o se complementarán de forma recíproca. Es fácil que, a primera vista, los dos se gusten; de hecho, ambos poseen un encanto considerable y una fuerte personalidad. Pero Leo, el rey de la selva, tiende a privilegiar, a exhibirse y a ser el centro de atención, cosas que pueden molestar mucho a Acuario, normalmente nada orgulloso ni egocéntrico. Por lo tanto, saltarán las chispas y se iniciarán encendidos intercambios de opinión entre estas dos fuertes personalidades; sin embargo, el pasional Leo podría calmarse y equilibrarse de forma oportuna con la actitud más distanciada y razonadora de Acuario. A menudo, este comportamiento algo frío excita y fascina al fogoso Leo.

Acuario - Virgo

Una pareja que se presenta un poco complicada porque los dos son muy distintos y pertenecen a elementos escasamente compatibles entre sí. A pesar de esto, algunas actitudes de distanciamiento y el interés mental y cultural los une, lo que los convierte en una pareja idónea, que puede funcionar. No es casual que la excesiva meticulosidad y el deseo de orden de Virgo tropiecen con las ganas de cambio de Acuario. Las cosas se resolverán si, en la pareja, la tarea de organizar y preparar se delega en Virgo y, por lo tanto, Acuario puede verse liberado de estas tareas prácticas que no le gustan nada y que le resultan muy pesadas. El erotismo entre los dos no parece muy encendido y pasional, sino más bien cerebral.

Acuario - Libra

Aunque pertenecen los dos al elemento Aire, se pueden presentar entre ellos problemas importantes.

La pareja Libra suele ser exigente y sensible: desea ser siempre el centro del afecto y de las atenciones del otro, que, en cambio, por naturaleza, no es amante de las uniones demasiado estrechas y quiere abarcar ámbitos diversos. Libra es amante del buen gusto y muy refinado mientras que Acuario, inconformista y extravagante, sigue poco los dictámenes de la moda y de las buenas costumbres. Esto no significa que no puedan encontrar intereses artísticos similares, o el deseo de socializar y crear diversos lazos de unión externos a la pareja. Existe algún peligro de traición por parte de Acuario, pero sólo si Libra se muestra frágil e indeciso; si, por el contrario, es resolutivo y vital, la pareja no sentirá la exigencia de distracciones externas.

Acuario - Escorpio

Esta unión se caracteriza por algún contraste y discusión, pero también por la simpatía y la estimulación. El proverbial carácter pasional de Escorpio no siempre corresponde con el frío Acuario, que, a su vez, está fascinado por la sensualidad y la inconstancia de su pareja. Se pueden entender en el ámbito mental, pero no demasiado en algunas formas de sentir y de concebir la relación de pareja; en particular, el carácter lunático y posesivo de Escorpio contrasta de forma bastante radical con la disponibilidad y el altruismo de Acuario. Escorpio se sentirá excitado por las actitudes a veces distanciadas de la pareja, que estimularán su amor intrínseco por las complicaciones, la conquista y la posesión.

Acuario - Sagitario

Existen muchos puntos en común en esta pareja: les gusta la libertad, el contacto con la gente, una vida animada y llena de intereses. Es difícil que se aburran juntos porque el entusiasmo y el optimismo les hacen ver la vida bajo una luz más bella, lo que les permite desdramatizar las situaciones y afrontarlas con más confianza. El nativo Sagitario se siente a menudo fascinado por los grandes ideales y proyectos de la pareja Acuario y tiende, por lo tanto, a seguirlos y a intentar ponerlos en práctica. Se puede llegar a plantear algún problema si el centauro se muestra demasiado ingenuo e impulsivo, actitudes que contrastan con la mentalidad desencantada y a veces oportunista de Acuario; Sagitario, por su lado, puede lamentar la falta de ternura y de efusiones. Los puntos en común son muchos y pueden llevar a menudo a una convivencia vital e interesante.

Acuario - Capricornio

El primero es un signo de Aire que se siente atraído por los intercambios de opiniones y de comunicación en su forma más abstracta, y el segundo es un signo de Tierra, inclinado a concretar cada cosa para obtener resultados tangibles. Esta pareja puede funcionar si Acuario acepta que Capricornio le organice un poco la vida y realice las cosas prácticas, por lo que debe renunciar en parte a sus grandes fantasías. Seguramente existe el riesgo de que el concreto Capricornio se ponga nervioso por el excesivo inconformismo y el rechazo de las reglas sociales de Acuario, que, entre otras cosas, no comparte ni siquiera su ambición y su deseo de consecución forzada de las ansiadas metas sociales. Pero los dos pueden alcanzar un término medio mediante la inteligencia y un buen acuerdo sexual, sobre todo si la fantasía de Acuario consigue calentar el erotismo vital de Capricornio.

Acuario - Acuario

Esta unión normalmente satisface a los dos miembros de la pareja porque pueden compartir y perseguir juntos sus hermosos sueños y proyectos humanitarios. Su adaptabilidad y propensión a experimentar continuamente nuevas cosas e intereses los convierte en una pareja particularmente vital, estimulante y simpática a todos. Son capaces de arrastrar a los amigos a aventuras maravillosas e instituir asociaciones y encuentros para la defensa de algún gran ideal. El principal problema que deben afrontar es la falta de interés a la hora de atender las cosas cotidianas y los trabajos prácticos, tan aburridos como indispensables. El erotismo no será nunca la parte más importante de la relación, aunque no faltará el entendimiento, debido a la fantasía recíproca y la falta de tabúes.

Acuario - Piscis

Si Acuario busca realmente la armonía de la pareja, tendrá que intentar ser más afectuoso y amable con Piscis, que necesita sentirse amado y tranquilizado con ternura y mimos. Por otra parte, Piscis tendrá que mostrarse menos mutable y voluble y un poco menos sentimental. Los dos se entienden por su recíproca sensibilidad respecto a los ideales y a las amplias vistas humanitarias. El romanticismo y el sentido de la posesión de Piscis podrían crear malentendidos y discusiones, normalmente resueltos gracias a la dulzura y a la sensualidad de este último. Pueden compartir intereses y talento artístico, más allá del amor por la naturaleza y por los espacios abiertos, y el deseo de vivir con intensidad y entusiasmo.

Cómo conquistar a un Acuario

A una mujer Acuario

Se siente atraída por los grandes ideales y principios y, en consecuencia, por los hombres que se erigen como defensores de una idea y ayudan a los oprimidos y quienes sufren injusticias. El que quiera conquistarla tiene que mostrarse sensible y con amplias miras, dispuesto a tener con ella continuos intercambios de opiniones y nuevos puntos de vista. Se siente atraída por hombres con una personalidad fuerte, que tengan algo distinto de los demás en la forma de comportarse y también de vestirse. Un toque de excentricidad en el aspecto externo de la pareja le entusiasma, pues evita la monotonía y la mediocridad. Se sentirá fascinada por un hombre con mil caras e intereses, creativo y desinhibido, que sepa estar entre la gente, pero también en la intimidad, y que la rodee de atenciones pero sin exagerar.

A un hombre Acuario

La mujer que consigue hacerles percibir afecto sin limitarlo en sus elecciones es la pareja perfecta. El Acuario es, de hecho, intolerante frente a las relaciones demasiado cerradas y pegajosas, mientras que se queda literalmente encantado ante mujeres independientes y decididas, que tengan claro en su mente lo que quieren de la vida y sepan conquistarlo. Las mujeres capaces de ser fantasiosas y excéntricas lo fascinan; de hecho, quiere a su lado a una pareja que sepa también sorprenderle, que se vista de forma extravagante y defienda las ideas de vanguardia e inconformismo. Si después sabe ser creativa y fantasiosa en la cama, sin falsos pudores ni reticencias, lo habrá conquistado completamente, sin dejarle ningún arma defensiva.

Cómo romper con un Acuario

Con una mujer Acuario

La persona que se muestre posesiva y excesivamente amable con ella obtendrá el efecto exactamente opuesto: la mujer Acuario se sentirá como si estuviera en una prisión y huirá corriendo. Se trata de una mujer muy autónoma, amante de la libertad, por lo que no soporta a una pareja celosa y que le imponga reglas y límites a sus decisiones. Quien quiera que una Acuario le abandone sólo tendrá que comportarse de forma algo machista y mostrarse un poco molesto por algunas de sus salidas con amigos, y ella le abandonará enseguida. Sus intereses y sus conocidos son una parte básica de su existencia y no está dispuesta a renunciar a ellos por ningún motivo, ni siquiera por el hombre que ama. Como toque final, muéstrese un poco gandul y apático, monótono y sin entusiasmo.

Con un hombre Acuario

Odia las banalidades, los chismes y todo lo que es previsible, por lo tanto, quien quiera librarse de su presencia tiene que asumir sencillamente estas características. Se debe tener en cuenta, además, que este hombre tiene una concepción bastante ideal de la relación, por lo que la mujer que se muestre poco coherente en sus acciones o que traicione la confianza que él pone normalmente en ella, obtendrá el efecto deseado con bastante rapidez. Al no ser un hombre que se lamente ni que tienda a los dramas y las discusiones encendidas, a menudo es suficiente, para interrumpir la relación, un diálogo abierto y sincero con el que se convencerá con rapidez de lo absurdo que resulta continuar una relación insatisfactoria y demasiado complicada.

La salud

El nativo de Acuario suele ser sano y de buena constitución física; su salud depende directamente del tipo de vida que lleva y del estrés al que se somete.

Es muy inconstante en el cuidado de su cuerpo y de su estado físico: puede alternar fácilmente momentos de descuido con otros de atención excesiva y mucho cuidado. Inicia muchos tratamientos según el entusiasmo del momento, pero luego es difícil que los continúe con la constancia necesaria; podrá alternar la medicina tradicional con la homeopática, las curas de herboristería, la macrobiótica, los ayunos o una alimentación excesiva. Puesto que la mayoría de sus trastornos son psicosomáticos, como su típico insomnio, le será muy útil practicar deporte y actividades al aire libre, además de técnicas de relajación y disciplinas que tengan el objetivo de armonizar cuerpo, psique y mente.

Las partes que corresponden al signo de Acuario son los tobillos, las pantorrillas y las extremidades inferiores. En estas zonas, el nativo tendrá que prestar atención para no provocarse esguinces, contusiones, tirones o fracturas. Deberá mantener bajo control la circulación de las piernas y las varices. Se recomienda prudencia en los deportes que fuerzan estas partes del cuerpo.

A veces pueden aparecer trastornos relacionados con la espina dorsal: inflamaciones y artrosis cervical, con los consiguientes y molestos dolores de cabeza.

También se atribuye al signo la circulación sanguínea y, por lo tanto, un posible desequilibrio de glóbulos rojos y blancos, además de la carencia de minerales y de vitaminas. En estos casos serán muy útiles los tratamientos que restituyan sales y minerales a la sangre y que aporten la cantidad justa de vitaminas que falten.

A Urano, dominador de Acuario, está unido el sistema nervioso y el cerebro; por ello se presentan trastornos de hipertensión y neuralgias. El nativo suele caer en estados de tensión nerviosa, debido a su inquietud y a la excesiva actividad dirigida en muchas direcciones; incluso el hecho de perseguir de forma desordenada muchos proyectos y metas, junto a indecisiones e inseguridades bien enmascaradas, provoca a menudo estados altos de tensión. Por otro lado, tiende a negar la naturaleza psicológica de los propios trastornos, lo que le lleva a buscar otros remedios poco eficaces. Una vida más ordenada, con ritmos menos frenéticos, y la posibilidad de disponer de más espacios personales en los cuales regenerarse y descansar son para un Acuario una verdadera panacea.

A pesar de su aspecto bastante frágil y delicado, el nativo de Acuario goza sustancialmente de buena salud y sabe afrontar eventuales trastornos en la justa medida, desdramatizándolos y resolviéndolos de forma racional.

Ficha del signo

Elemento: Aire
Calidad del signo: fijo, masculino
Planetas dominantes: Urano y Saturno
Longitud en el Zodiaco: de 300 a 330°
Estrellas fijas: Altair, Delfín
Colores: gris, antracita, plata, verde brillante, negro
Números: 5, 11, 8
Día de la semana: sábado
Piedra: cuarzo, zafiro, granate, coral negro
Metales: plomo, níquel
Perfumes: helecho, muguete, lavanda
Plantas: chopo, musgo
Flores: narciso, margarita, abedul
Animales: cigüeña, gaviota, cordero
Lema: Yo comunico
Amuleto: un objeto de nácar
Países, regiones y ciudades: Rusia, Dinamarca, Suecia, Trento, Hamburgo y Bremen

Personajes famosos que pertenecen a este signo

Numerosos personajes destacados han nacido bajo el signo de Acuario, con caracteres y predisposiciones distintas según el resto de elementos astrales de su horóscopo de nacimiento. De todos modos, se pueden destacar diversos puntos en común, típicos de Acuario.

Entre las mujeres podemos recordar a dos particularmente significativas: Estefanía de Mónaco y Vanessa Redgrave. La primera, nacida el 11 de febrero de 1965, con ascendente en Leo, se caracteriza por un espíritu despreocupado y bastante inconformista, lleno de vitalidad, grandes ideas y una óptima capacidad comunicativa. Parece afrontar la vida con más filosofía y vitalidad.

Vanessa Redgrave, la gran actriz inglesa, nacida el 30 de enero de 1937, es una verdadera Acuario, de gran apertura mental y espíritu rebelde contra las reglas sociales. Su vida es la demostración palpable de una mujer que no tiene ningún temor a defender abiertamente y de forma provocativa sus ideas y a adoptarlas en la vida cotidiana, sin falsos pudores ni conformismos.

Entre los Acuario citaremos a Ronald Reagan y Paul Newman. El primero, nacido el 6 de febrero de 1911, con ascendente Escorpio, demostró siempre una personalidad ecléctica: en su vida se sumaron las carreras de actor, deportista y político. Fue siempre un hombre imprevisible, de excepcional fuerza y empuje.

Paul Newman, nacido el 26 de enero de 1925, con ascendente Capricornio y Luna en Piscis, hombre de gran encanto, ha conquistado siempre a las mujeres de todo el mundo con una mirada que desarma y su actitud de *canalla simpático*.

Entre otros Acuario que han destacado en el presente y en el pasado recordaremos también a: Galileo Galilei (15 de febrero de 1564), Mozart (27 de enero de 1756), Schubert (31 de enero de 1797), Totó (15 de febrero de 1898), Enzo Ferrari (18 de febrero de 1898), Mia Farrow (9 de febrero de 1945), Carolina de Mónaco (23 de enero de 1957), el príncipe Felipe de Borbón (30 de enero de 1968) y el motociclista Valentino Rossi (16 de febrero de 1979).

Segunda parte

EL ASCENDENTE

Cómo calcular el ascendente

El ascendente tiene una importancia fundamental entre los factores astrales que caracterizan un horóscopo. El signo en el que se encuentra el ascendente es el que en el momento del nacimiento se levantaba en el horizonte, y cambia según la hora y el lugar en que se produjo.

El ascendente puede definirse como el punto de partida de las posibilidades de desarrollo individual; describe a la persona en sus características más evidentes: el comportamiento, las reacciones instintivas, las tendencias más naturales y manifiestas, e influye también en el aspecto físico. Muy a menudo, el individuo se reconoce más en las características típicas del ascendente que en las del signo solar al que pertenece: esto sucede porque el ascendente es la imagen consciente que tenemos de nosotros mismos y que manifestamos a los demás.

El ascendente, además, al caracterizar la constitución física, proporciona informaciones muy interesantes en el plano de la salud, pues indica los órganos y las partes del cuerpo más sujetas a trastornos y al tipo de estímulos a los que el individuo reacciona más rápidamente.

La presencia de los planetas en conjunción con el ascendente intensifica la personalidad y resalta algunas de las características, que de esta forma adquieren una evidencia particular: por ejemplo, encanto y amabilidad en el caso de Venus, y agresividad y competitividad en Marte.

Cálculo del ascendente

Los datos necesarios para calcular el ascendente son los siguientes: fecha, lugar y hora exacta del nacimiento (en el caso de que no se conozca la hora, se puede pedir en el registro la partida de nacimiento). Se acepta una aproximación de unos 15-20 minutos.

El procedimiento es sencillo, y sólo con algunos cálculos se podrá obtener la posición del ascendente con cierta precisión.

Pongamos un ejemplo con un nacimiento que tuvo lugar en Burgos, el 15 de junio de 1970 a las 17 h 30 min (hora oficial).

1. La primera operación que se debe hacer siempre será consultar la tabla de la pág. 65 para ver si en ese momento había alguna alteración horaria con respecto a la hora de Greenwich (que es la referencia horaria mundial y el meridiano patrón para España). En el caso de este ejemplo, había una diferencia de una hora y por ello es necesario restar una hora de la hora de nacimiento. Por lo tanto, tendremos: 17 h 30 min − 1 h (huso horario) = 16 h 30 min.

En cambio, en el caso de no haber horario de verano, no se deberá restar nada; pero si hay dos horas de diferencia con la hora oficial, entonces habrá que restarlas.

2. El resultado que se obtiene se suma a la hora sideral, que se puede localizar en la tabla de la pág. 72.

La hora sideral para la fecha que hemos tomado como ejemplo es 17 h 31 min; por lo tanto: 16 h 30 min + 17 h 31 min = 33 h 61 min. Pero este resultado precisa una corrección: de hecho, es necesario recordar que estamos realizando operaciones sexagesimales (es decir, estamos sumando horas, minutos y segundos).

Los minutos no pueden superar los 60, que es el número de minutos que hay en una hora. Por ello, el resultado se tiene que modificar transportando estos 60 minutos a la izquierda, transformándolos en 1 hora y dejando invariable el número de minutos restantes. Corregido de esta forma, el resultado original de 33 h 61 min se ha convertido en 34 h 1 min.

3. A continuación, para llegar hasta la determinación exacta del tiempo sideral de nacimiento, es necesario sumar al resultado obtenido la longitud traducida en tiempo relativa al lugar de nacimiento. La tabla de la pág. 69 proporciona la longitud en tiempo de las principales ciudades españolas: En el caso de Burgos, que es la ciudad del ejemplo, tenemos que restar 14 min 49 s. Podemos quitar los segundos para facilitar el procedimiento, ya que no altera prácticamente el resultado.

Para poder restar los minutos, debemos transformar una hora en minutos. Quedará así: 34 h 01 min = 33 h 61 min; 33 h 61 min – 14 min = 33 h 47 min.

Puesto que el resultado supera las 24 horas que tiene un día, es necesario restar 24.

Finalmente quedará así: 33 h 47 min – 24 h = 9 h 47 min, que indica el tiempo sideral de nacimiento.

4. Después de obtener, finalmente, este dato, sólo tendremos que consultar la tabla de la pág. 64 para descubrir en qué signo se encuentra el ascendente: en el caso que hemos tomado como ejemplo, el ascendente se encuentra en el signo de Escorpio.

Para resumir el procedimiento que hay que seguir, lo presentamos en este esquema, que puede ser útil para realizar el cálculo del propio ascendente.

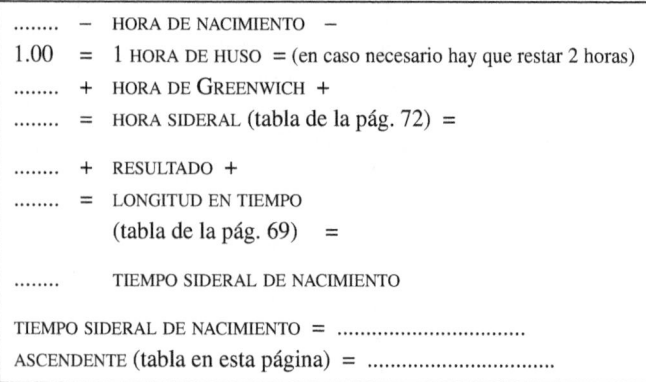

N.B. Al hacer los cálculos, hay que recordar siempre que se debe verificar que los minutos no superen los 60 y las horas las 24, y realizar las oportunas correcciones, como muestra el ejemplo. También se pueden efectuar estas al final del cálculo todas juntas.

BUSQUE AQUÍ SU ASCENDENTE

de 0.35' a 3.17'	ascendente en Leo
de 3.18' a 6.00'	ascendente en Virgo
de 6.01' a 8.43'	ascendente en Libra
de 8.44' a 11.25'	ascendente en Escorpio
de 11.26' a 13.53'	ascendente en Sagitario
de 13.54' a 15.43'	ascendente en Capricornio
de 15.44' a 17.00'	ascendente en Acuario
de 17.01' a 18.00'	ascendente en Piscis
de 18.01' a 18.59'	ascendente en Aries
de 19.00' a 20.17'	ascendente en Tauro
de 20.18' a 22.08'	ascendente en Géminis
de 22.09' a 0.34'	ascendente en Cáncer

CAMBIOS HORARIOS EN ESPAÑA

Se resta 1 h a los nacidos en:

• 1918, entre el 15 de abril a las 23.00 h y el 6 de octubre a las 00.00 h.

• 1919, entre el 6 de abril a las 23.00 h y el 6 de octubre a las 00.00 h.

No se suma ni se resta nada a los nacidos entre 1920 y 1923.

Se resta 1 h a los nacidos en:

• 1924, entre el 16 de abril a las 23.00 h y el 4 de octubre a las 00.00 h.

No se suma ni se resta nada a los nacidos en el año 1925.

Se resta 1 h a los nacidos en:

• 1926, entre el 17 de abril a las 23.00 h y el 2 de octubre a las 00.00 h.

• 1927, entre el 9 de abril a las 23.00 h y el 1 de octubre a las 00.00 h.

• 1928, entre el 14 de abril a las 23.00 h y el 6 de octubre a las 00.00 h.

• 1929, entre el 20 de abril a las 23.00 h y el 6 de octubre a las 00.00 h.

No se suma ni se resta nada a los nacidos entre 1930 y 1936.

Se resta 1 h a los nacidos en:

• 1937, zona republicana, entre el 16 de junio a las 23.00 h y el 6 de octubre a las 00.00 h; zona nacional, entre el 22 de mayo a las 23.00 h y el 2 de octubre a las 00.00 h.

• 1938, zona republicana, entre el 2 de abril a las 23.00 h y el 30 de abril a las 23.00 h.

Se restan 2 h a los nacidos en:

- 1938, zona republicana, entre el 30 de abril a las 23.00 h y el 2 de octubre a las 00.00 h.

Se resta 1 h a los nacidos en:

- 1938, zona republicana, entre el 2 de octubre a las 00.00 h y el 31 de diciembre a las 00.00 h.

Se resta 1 h a los nacidos en:

- 1938, zona republicana, entre el 26 de marzo y el 1 de octubre a las 00.00 h.
- 1939, zona republicana, entre el 1 de enero y el 1 de abril; zona nacional, entre el 15 de abril a las 23.00 h y el 7 de octubre a las 00.00 h.
- 1940, entre el 16 de marzo a las 23.00 h y el 31 de diciembre a las 00.00 h.

Se resta 1 h a los nacidos en 1941.

Se resta 1 h a los nacidos en:

- 1942, entre el 1 de enero y el 2 de mayo a las 23.00 h.

Se restan 2 h a los nacidos en:

- 1942, entre el 2 de mayo a las 23.00 h y el 1 de septiembre a las 00.00 h.
- 1943, entre el 17 de abril a las 23.00 h y el 2 de octubre a las 00.00 h.
- 1944, entre el 17 de abril a las 23.00 h y el 1 de octubre a la 1.00 h.
- 1945, entre el 14 de abril a las 23.00 h y el 30 de septiembre a la 1.00 h.
- 1946, entre el 13 de abril a las 23.00 h y el 28 de septiembre a las 00.00 h.
- 1949, entre el 30 de abril a las 23.00 h y el 2 de octubre a la 1.00 h.

Se resta 1 h a los nacidos en fechas que no se han citado anteriormente entre los años 1942 y 1949.

Se resta 1 h a los nacidos entre 1950 y 1973.

Se restan 2 h a los nacidos en:

- 1974, entre el 13 de abril a las 23.00 h y el 6 de octubre a la 1.00 h.
- 1975, entre el 12 de abril a las 23.00 h y el 4 de octubre a las 00.00 h.
- 1976, entre el 27 de marzo a las 23.00 h y el 25 de septiembre a las 00.00 h.
- 1977, entre el 2 de abril a las 23.00 h y el 24 de septiembre a las 00.00 h.
- 1978, entre el 2 de abril a las 2.00 h y el 30 de septiembre a las 3.00 h.
- 1979, entre el 1 de abril a las 2.00 h y el 30 de septiembre a las 3.00 h.
- 1980, entre el 6 de abril a las 2.00 h y el 26 de septiembre a las 2.00 h.
- 1981, entre el 29 de marzo a las 2.00 h y el 27 de septiembre a las 3.00 h.
- 1982, entre el 29 de marzo a las 2.00 h y el 27 de septiembre a las 2.00 h.
- 1983, entre el 27 de marzo a las 2.00 h y el 25 de septiembre a las 2.00 h.
- 1984, entre el 24 de marzo a las 2.00 h y el 30 de septiembre a las 3.00 h.
- 1985, entre el 31 de marzo a las 2.00 h y el 29 de septiembre a las 3.00 h.
- 1986, entre el 29 de marzo a las 2.00 h y el 27 de septiembre a las 3.00 h.
- 1987, entre el 29 de marzo a las 2.00 h y el 27 de septiembre a las 3.00 h.
- 1988, entre el 27 de marzo a las 2.00 h y el 25 de septiembre a las 3.00 h.
- 1989, entre el 26 de marzo a las 2.00 h y el 24 de septiembre a las 3.00 h.
- 1990, entre el 25 de marzo a las 2.00 h y el 29 de septiembre a las 3.00 h.

- 1991, entre el 24 de marzo a las 2.00 h y el 29 de septiembre a las 3.00 h.
- 1992, entre el 29 de marzo a las 2.00 h y el 27 de septiembre a las 3.00 h.
- 1993, entre el 28 de marzo a las 2.00 h y el 26 de septiembre a las 3.00 h.
- 1994, entre el 27 de marzo a las 2.00 h y el 25 de septiembre a las 3.00 h.
- 1995, entre el 26 de marzo a las 2.00 h y el 24 de septiembre a las 3.00 h.
- 1996, entre el 24 de marzo a las 2.00 h y el 27 de octubre a las 3.00 h.
- 1997, entre el 30 de marzo a las 2.00 h y el 26 de octubre a las 3.00 h.
- 1998, entre el 29 de marzo a las 2.00 h y el 25 de octubre a las 3.00 h.
- 1999, entre el 27 de marzo a las 2.00 h y el 30 de octubre a las 3.00 h.
- 2000, entre el 26 de marzo a las 2.00 h y el 29 de octubre a las 3.00 h.
- 2001, entre el 25 de marzo a las 2.00 h y el 28 de octubre a las 3.00 h.
- 2002, entre el 31 de marzo a las 2.00 h y el 27 de octubre a las 3.00 h.
- 2003, entre el 30 de marzo a las 2.00 h y el 26 de octubre a las 3.00 h.
- 2004, entre el 28 de marzo a las 2.00 h y el 31 de octubre a las 3.00 h.
- 2005, entre el 27 de marzo a las 2.00 h y el 30 de octubre a las 3.00 h.
- 2006, entre el 26 de marzo a las 2.00 h y el 29 de octubre a las 3.00 h.
- 2007, entre el 25 de marzo a las 2.00 h y el 28 de octubre a las 3.00 h.
- 2008, entre el 30 de marzo a las 2.00 h y el 26 de octubre a las 3.00 h.
- 2009, entre el 29 de marzo a las 2.00 h y el 25 de octubre a las 3.00 h.
- 2010, entre el 28 de marzo a las 2.00 h y el 31 de octubre a las 3.00 h.
- 2011, entre el 27 de marzo a las 2.00 h y el 30 de octubre a las 3.00 h.

Se resta 1 h a los nacidos entre 1974 y 1990 en las fechas que no figuran entre las anteriores.

TABLA DE COORDENADAS
DE LAS PRINCIPALES CIUDADES DE ESPAÑA

Ciudad	Latitud	Longitud
A CORUÑA	43° 23'	– 33' 34"
ALBACETE	39° 00'	– 7' 25"
ALCUDIA	39° 52'	+ 11' 36"
ALGECIRAS	36° 09'	– 21' 52"
ALICANTE	38° 20'	– 1' 56"
ALMERÍA	36° 50'	– 9' 52"
ÁVILA	40° 39'	– 18' 47"
BADAJOZ	38° 53'	– 27' 53"
BARCELONA	41° 23'	+ 8' 44"
BILBAO	43° 15'	– 11' 42"
BURGOS	42° 20'	– 14' 49"
CÁCERES	39° 28'	– 25' 29"
CADAQUÉS	42° 17'	+ 13' 08"
CÁDIZ	36° 32'	– 25' 11"
CALATAYUD	41° 20'	– 6' 40"
CARTAGENA	37° 38'	– 3' 55"
CASTELLÓN	39° 50'	– 0' 09"
CIUDAD REAL	38° 59'	– 15' 43"
CIUDAD ROGRIGO	40° 36'	– 26' 08"
CÓRDOBA	37° 53'	– 19' 07"
CUENCA	40° 04'	– 8' 32"
ÉIBAR	43° 11'	– 11' 52"
ELCHE	38° 15'	– 2' 48"
FRAGA	41° 32'	– 1' 24"
FUERTEVENTURA	28° 30'	56' 00"

Ciudad	Latitud	Longitud
GERONA	41° 59'	+ 11' 18"
GIJÓN	43° 32'	− 22' 48"
GOMERA	28° 10'	− 1 h 08' 20"
GRANADA	37° 11'	− 14' 24"
GUADALAJARA	40° 38'	− 12' 39"
HIERRO	27° 57'	− 1 h' 44"
HUELVA	37° 16'	− 27' 47"
HUESCA	42° 08'	− 1' 38"
IBIZA	38° 54'	+ 5' 44"
JAÉN	37° 46'	− 15' 09"
LA PALMA	25° 40'	− 1 h 11' 20"
LANZAROTE	29° 00'	− 54' 40"
LAS PALMAS G. C.	28° 06'	− 1 h 01' 40"
LEÓN	42° 36'	− 22' 16"
LÉRIDA	41° 37'	+ 2' 30"
LINARES	38° 06'	− 14' 32"
LOGROÑO	42° 28'	− 9' 47"
LORCA	37° 41'	− 6' 48"
LUGO	43° 01'	− 30' 14"
MADRID	40° 24'	− 14' 44"
MAHÓN	39° 50'	+ 17' 12"
MÁLAGA	36° 43'	− 17' 41"
MANACOR	39° 34'	+ 12' 53"
MANRESA	41° 44'	+ 7' 20"
MARBELLA	36° 30'	− 19' 36"
MIERES	43° 15'	− 23' 04"
MURCIA	37° 59'	− 4' 31"

Ciudad	Latitud	Longitud
ORENSE	42° 20'	– 31' 27"
OVIEDO	43° 22'	– 23' 22"
PALENCIA	42° 00'	– 18' 08"
P. MALLORCA	39° 34'	+ 10' 36"
PAMPLONA	42° 49'	– 6' 36"
PLASENCIA	40° 03'	– 24' 32"
PONFERRADA	42° 33'	– 26' 20"
PONTEVEDRA	42° 26'	– 34' 36"
SALAMANCA	40° 57'	– 22' 40"
SAN SEBASTIÁN	43° 19'	– 7' 56"
STA. CRUZ DE TENERIFE	28° 28'	– 1 h 5' 57"
SANTIAGO DE COMP.	42° 52'	– 34' 12"
SANTANDER	43° 28'	– 15' 13"
SEGOVIA	40° 57'	– 16' 30"
SEVILLA	37° 23'	– 23' 58"
SORIA	41° 46'	– 9' 52"
TARRAGONA	41° 07'	+ 5' 02"
TERUEL	40° 20'	– 4' 26"
TOLEDO	39° 51'	– 16' 05"
TORTOSA	40° 49'	+ 2' 04"
TUDELA	42° 04'	– 6' 24"
VALENCIA	39° 28'	– 1' 30"
VALLADOLID	41° 39'	– 18' 53"
VIELLA	42° 42'	+ 3' 16"
VIGO	42° 18'	– 34' 44"
VITORIA	42° 51'	– 10' 42"
ZAMORA	41° 30'	– 23' 01"
ZARAGOZA	41° 34'	– 3' 31"

TABLA PARA LA BÚSQUEDA DE LA HORA SIDERAL

Día	En.	Feb.	Mar.	Abr.	May.	Jun.	Jul.	Ag.	Sept.	Oct.	Nov.	Dic.
1	6.36	8.38	10.33	12.36	14.33	16.36	18.34	20.37	22.39	0.37	2.39	4.38
2	6.40	8.42	10.37	12.40	14.37	16.40	18.38	20.41	22.43	0.41	2.43	4.42
3	6.44	8.46	10.40	12.44	14.41	16.43	18.42	20.45	22.47	0.45	2.47	4.46
4	6.48	8.50	10.44	12.48	14.45	16.47	18.46	20.49	22.51	049	2.51	4.50
5	6.52	8.54	10.48	12.52	14.49	16.51	18.50	20.53	22.55	0.53	2.55	4.54
6	6.56	8.58	10.52	12.55	14.53	16.55	18.54	20.57	22.59	0.57	2.59	4.57
7	7.00	9.02	10.56	12.58	14.57	16.59	18.58	21.00	23.03	1.01	3.03	5.01
8	7.04	9.06	11.00	13.02	15.01	17.03	19.02	21.04	23.07	1.05	3.07	5.05
9	7.08	9.10	11.04	13.06	15.05	17.07	19.06	21.08	23.11	1.09	3.11	5.09
10	7.12	9.14	11.08	13.10	15.09	17.11	19.10	21.12	23.14	1.13	3.15	5.13
11	7.15	9.18	11.12	13.15	15.13	17.15	19.14	21.16	23.18	1.17	3.19	5.17
12	7.19	9.22	11.16	13.18	15.17	17.19	19.18	21.20	23.22	1.21	3.23	5.21
13	7.23	9.26	11.20	13.22	15.21	17.23	19.22	21.24	23.26	1.25	3.27	5.25
14	7.27	9.30	11.24	13.26	15.24	17.27	19.26	21.28	23.30	1.29	3.31	5.29
15	7.31	9.33	11.28	13.30	15.28	17.31	19.30	21.32	23.34	1.32	3.35	5.33

16	7.35	9.37	11.32	13.34	15.32	17.34	19.34	21.36	23.38	1.36	3.39	5.37
17	7.39	9.41	11.36	13.38	15.36	17.38	19.38	21.40	23.42	1.40	3.43	5.41
18	7.43	9.45	11.40	13.42	15.40	17.42	19.42	21.44	23.46	1.44	3.47	5.45
19	7.47	9.49	11.44	13.46	15.44	17.46	19.46	21.48	23.50	1.48	3.50	5.49
20	7.51	9.53	11.48	13.50	15.48	17.50	19.49	21.52	23.54	1.52	3.54	5.53
21	7.55	9.57	11.52	13.54	15.52	17.54	19.53	21.56	23.58	1.56	3.58	5.57
22	7.59	10.01	11.55	13.58	15.56	17.58	19.57	22.00	0.02	2.00	4.02	6.01
23	8.03	10.05	11.58	14.02	16.00	18.02	20.02	22.04	0.06	2.04	4.06	6.05
24	8.07	10.09	12.02	14.06	16.04	18.06	20.06	22.08	0.10	2.06	4.10	6.09
25	8.11	10.13	12.06	14.10	16.08	18.10	20.10	22.12	0.14	2.12	4.14	6.13
26	8.15	10.17	12.10	14.14	16.12	18.14	20.14	22.16	0.18	2.16	4.18	6.17
27	8.19	10.21	12.14	14.18	16.16	18.18	20.18	22.20	0.23	2.20	4.22	6.21
28	8.23	10.25	12.18	14.22	16.20	18.22	20.22	22.24	0.26	2.24	4.26	6.24
29	8.26	10.29	12.22	14.26	16.24	18.26	20.26	22.27	0.30	2.28	4.30	6.28
30	8.30		12.26	14.29	16.28	18.30	20.30	22.31	0.34	2.32	4.34	6.32
31	8.34		12.30		16.32		20.33	22.35		2.36		6.36

Si usted es Acuario con ascendente...

Acuario con ascendente Aries

El ascendente Aries (signo de Fuego) alimenta muy bien el signo solar (de Aire). En esta combinación, la tendencia de Acuario hacia bellos y altos ideales, raramente realizables en la vida real, se pone en marcha gracias al empuje práctico de Aries. Este signo está caracterizado por la acción, el impulso, la rapidez y las ganas de trabajar, que ayudan a hacer realidad las abstracciones de Acuario.

De ello resulta un carácter simpático y vital, atraído por las novedades y por las aventuras, además de los viajes y de las experiencias insólitas. Se nota incluso un deseo destacado de independencia y la firme voluntad de realizar las metas prefijadas.

Acuario con ascendente Tauro

Acuario con este ascendente de Tierra se vuelve más realista y activo: busca valores materiales, afirmaciones sociales y profesionales. Obtener una buena posición, que le permita tener una cierta seguridad económica y, en consecuencia, una vida en la que no se deba renunciar a las comodidades y a ciertos placeres es uno de los objetivos principales de este nativo.

Este ascendente puede bloquear algunos gestos humanitarios, fantasiosos y de fraternidad universal típicos de Acuario, e inducirle a actuar más de acuerdo con la realidad.

Acuario con ascendente Géminis

Aquí se resalta el deseo de expansión y comunicación en el ámbito social y humanitario: se obtiene una personalidad fuerte, que no conoce otros límites que los que se impone de forma espontánea. Los dos son signos de Aire y hacen que el temperamento sea versátil, un poco cambiante y al mismo tiempo testarudo. Las destacadas dotes intelectuales del ascendente Géminis se combinan con la intuición y la vitalidad mental de Acuario; el idealismo de este último se ve frenado por una cierta lógica menos elástica, típica de Géminis. Son bastante pronunciados el deseo de libertad, la curiosidad y el individualismo, que no están separados de la inventiva y de la habilidad al hablar y convencer a los demás de la exactitud de las propias opiniones.

Acuario con ascendente Cáncer

En esta combinación, los elementos de Aire y de Agua contrastan, con lo que se crean conflictos e incertidumbres en el nativo. Se trata de una persona atraída a menudo por tendencias opuestas: el deseo de progresar y mirar al futuro, junto con el apego al pasado y a los valores tradicionales; el deseo de ternura y sentimentalismo, junto con las ganas de vivir aventuras nuevas y estimulantes. Este Acuario será menos inconformista y rebelde que el «tipo puro» y no despreciará a la familia ni a un hogar tranquilo y seguro. Se trata de una personalidad globalmente compleja, caracterizada por cambios de humor y de objetivos existenciales; en positivo se notarán una marcada sensibilidad y una tendencia a apoyar a los más débiles.

Acuario con ascendente Leo

Este nativo es dinámico y fuerte, con una personalidad muy autónoma y a veces autoritaria. No será fácil hacerle cambiar de opinión. El ascendente le transmitirá el deseo de controlar y dirigir las situaciones y las relaciones interpersonales, un rasgo normalmente ausente en la naturaleza de Acuario. Le gusta exponerse y destacar entre la masa; para hacer esto le ayudarán la intuición, la fantasía y la excentricidad del signo natal, siempre preparado para ir contra las reglas y rebelarse contra las costumbres, pero tendrá que limitar un cierto egocentrismo y la excesiva consideración de sí mismo y de las propias capacidades y potencialidades.

Acuario con ascendente Virgo

Nos encontramos ante un Acuario bastante extraño por su meticulosidad y el deseo de orden. Se trata de una persona que suele poner las cosas en su sitio en lugar de viajar con la mente a mundos y proyectos tan abstractos que se vuelven utópicos. Posee un cerebro muy analítico, adecuado para realizar trabajos comprometidos y de investigación, en particular en el sector tecnológico y de vanguardia.

También existe la posibilidad de que se supere el exceso sentido crítico de Virgo, con lo que se abriría el camino a una comunicación con los demás más confiada y calurosa; eventuales bloqueos emotivos pueden superarse de esta manera con un espíritu humanitario y altruista.

Acuario con ascendente Libra

Ambos signos comparten la pertenencia al elemento Aire. Por lo tanto, se refuerza el deseo de comunicar y socializar a distintos niveles, en particular en el ámbito afectivo, que es precisamente el de Libra. Al mismo tiempo destacan en este nativo el buen gusto, el sentido de la belleza y unos modales amables y refinados al relacionarse con el mundo exterior. La búsqueda del equilibrio y de la medida justa en todas las cosas puede conquistarse de forma gradual por los pertenecientes a esta combinación astral, que se sitúa entre las más favorables.

Amabilidad y cortesía, junto a una sutil intuición y a la diplomacia, abren muchas puertas hacia el éxito y la afirmación personal; sólo se tendrán que mantener bajo control el estado de tensión y el nerviosismo.

Acuario con ascendente Escorpio

El carácter de quien se encuentra bajo la influencia de esta combinación no es precisamente uno de los más fáciles y dóciles que se puedan encontrar. Posee una tendencia innata a complicar las cosas, incluso las más pequeñas y de administración normal, pues sus deseos y objetivos son a menudo difíciles de alcanzar.

No se deja convencer nunca por los demás y está siempre preparado para saltar y defender con obstinación sus propias convicciones; se trata de un carácter polémico y contestatario, preparado para poner en discusión cualquier afirmación. Una fuerte voluntad e independencia le permiten obtener óptimos resultados profesionales y personales, sobre todo si consigue contener su excesiva impulsividad y nerviosismo.

Acuario con ascendente Sagitario

Se trata de un nativo desenvuelto y sin prejuicios que no conoce la timidez ni el miedo de no ser aceptado y comprendido por los demás. Su dinamismo y las ganas de socializar lo hacen simpático y adecuado para mantener compañías y proponer ideas siempre nuevas y originales.

Consigue comunicar normalmente con espontaneidad la riqueza de valores y de aspiraciones que lo caracterizan, lo que le convierte en una persona realmente interesante y original. El elemento de Fuego del ascendente hace que el sujeto sea pasional e impulsivo, rasgos normalmente desconocidos para la naturaleza de Acuario. El peligro consiste en que malgaste sus energías y potencialidades en mil actividades e iniciativas, sin llevar ninguna hasta el final. De esta forma, en el amor tendrá que frenar el deseo continuo de aventura y de fuertes emociones.

Acuario con ascendente Capricornio

Este es un Acuario que cree mucho en el triunfo personal, además de sentirse atraído por el éxito y el bienestar material. No se deja llevar por altos ideales de humanidad ni por proyectos que impliquen valores de solidaridad y comunión entre los seres humanos, aunque los mantiene dentro de los límites justos, sin convertirlos en la parte predominante de la vida. El trabajo es, por este motivo, muy importante; él lo desarrolla con precisión y concienzudamente, sin quejarse nunca de eventuales sacrificios y renuncias al respecto.

También tiene un destacado sentido de la responsabilidad respecto a la familia; a menudo puede existir una íntima lucha entre los valores inconformistas y los tradicionales.

Acuario con ascendente Acuario

Se trata de un nativo muy libre e independiente al que le gusta afirmar de forma continua su deseo de moverse por distintos campos del conocimiento humano y experimentar cosas nuevas e insólitas. Se trata de un inconformista y progresista nato, que mira siempre hacia el futuro y los nuevos descubrimientos de la ciencia y de la técnica. Difícilmente se dejará desanimar por las actitudes egoístas de los demás; buscará más bien, mediante su comportamiento, conducirlos a importantes tomas de conciencia de los valores humanos más profundos. Podría pecar de inconstancia e idealismo excesivo, incluso en la relaciones de pareja y de amistad. Su naturaleza es quizá demasiado rebelde y difícilmente se adaptará a las reglas sociales y a una vida sosegada.

Acuario con ascendente Piscis

Unas tendencias muy distintas se encuentran en este nativo: el elemento de Agua de Piscis, receptivo e hipersensible, y el de Aire de Acuario, móvil y extrovertido. Por un lado, se tratará de una persona que sabe unir lo racional con lo sentimental, la sensibilidad y la docilidad con la decisión y la autoafirmación; pero por otro, las tendencias a la pasividad y a la interioridad de Piscis pueden crear conflictos e incertidumbres en el nativo e inducirle a un estado de tensión y de profunda inseguridad. Se trata de una naturaleza que participa con entusiasmo en los valores humanitarios, en las iniciativas sociales que tienen como objetivo la mejora de las condiciones de vida de los hombres y el establecimiento de la igualdad y la justicia social.

Tercera parte

PREVISIONES PARA 2019

Previsiones para Acuario en 2019

Vida amorosa

Enero

En la primera parte del mes, los procesos mentales en su vida emotiva, tanto en lo referente al amor como a la amistad, son fuertes, aunque encontrará piezas que no encajan del todo. Pero no se preocupe porque esto no es tan desesperante pues, si ya existe una relación, no se le presentarán graves problemas. A mitad de mes, Venus entrará en su signo, y la relación con su pareja puede pasar momentos de romanticismo en los que usted es la persona más maravillosa. Al mismo tiempo, notará cómo está más capacitado para expresarse de forma más tierna, tanto en la relación como en los grupos que frecuente.

Febrero

En estos dos meses, pasará por un periodo muy alterado, por diversas novedades debido a las cuales todo es posible (también en lo que se refiere a las relaciones y a los amores en concreto). Venus se quedará en su signo hasta mediados de mes y señalará un poco la anualidad, sobre todo en los dos primeros decanatos: esto indica que usted encarará los amores según su modo de ser y de pensar. Los del tercer decanato se enfrentarán a esta situación con un toque de ternura y buscarán el placer y la intimidad en una relación; pueden ser sublimados a valores elevados, tanto en los aspectos personales como colectivos.

Durante los días 13 y 14 serán muy importantes las experiencias que vayan a vivir. Esto será extensible para la totalidad de los Acuario con el paso del trimestre y a lo largo del verano.

Marzo

Los primeros días del mes recibirá algo de la pareja o de otra persona, algún detalle o gesto que le hará salir por la calle «cantando bajo la lluvia». Más adelante, un poco antes de la llegada de la primavera, se sentirá con más iniciativa o será otro quien la tome por usted. Esto último no le llegará a contrariar. Otros nacidos bajo este signo vivirán la posibilidad de una relación nueva llegada mediante un colega.

Abril

Después de Pascua, es posible que viva alguna iniciativa dentro de la pareja, tanto por su parte como por la del otro, lo que le estimulará para encarar aspectos de la vida cotidiana. Si algo no le convence, tanto en lo que se trae usted entre manos como en el terreno de la pareja, se sentirá más obstinado de lo normal; aun así, el otro jugará bien sus cartas, sobre todo si usted es hombre.

Tal vez el problema sea que ha surgido una tercera persona, lo que servirá de excusa para plantearse hacer alguna pausa en su relación, aunque en el fondo ambos desean con todas sus fuerzas estar juntos o verse a menudo para intentar reconducir la situación.

Mayo

Los últimos días de abril y hasta el 22 de mayo, vivirá diferentes situaciones que, posteriormente, se concretarán en vivencias más íntimas. Aunque sigue como en el mes anterior, con el paso de las semanas la relación tomará un rumbo u otro, y mediante el diálogo usted adoptará posiciones más claras respecto al otro. En la primera semana del mes, es posible que aparezca una nueva relación con la que congeniará mucho y que, tal vez, le sirva de contrapunto para su pareja. Existe una gran posibilidad de que le hagan regalos.

Junio

Hasta el día 21, los amoríos y otras relaciones íntimas están muy activados. Esto también afecta al entorno laboral y a viejos conocidos, aunque se introducirán nuevas personas debido a lo movido del mes. En la primera semana, se cierra un ciclo de más de seis meses en el que se ha sentido contrariado por culpa de personas que se han metido por medio. Los últimos días de junio las relaciones tomarán un cariz más íntimo y, en general, se sentirá dispuesto a que le hagan confesiones, tal vez alguna persona que se asemeje a su manera de ser y de pensar.

Julio

Se siente muy inquieto y está muy radical en sus planteamientos, por lo que aprovecha para calentarle la cabeza a quien se le pone a tiro. A no ser que su pareja comparta sus inquietudes, puede producirse una distancia entre ambos.

Aunque es un mes muy movido, acudirá a todos los festejos, pero se retirará temprano, si su participación en ellos no es fundamental. En los últimos días del mes, sufrirá un gran cambio interno que afectará a su entorno afectivo y amistoso.

Agosto

Deseará tener un agosto nada convencional y hará todo lo posible para que así sea; en caso contrario, lo inesperado vendrá a usted, esté donde esté.

Llega un tiempo adecuado para materializar determinadas ideas que ha ido madurando acerca de sus relaciones amistosas e íntimas, pero sufrirá su clásica tendencia a la incomprensión, típica del signo si el ambiente no está en la misma sintonía que usted. Aun así, tendrá muchas ocasiones para divertirse.

Septiembre

Después del primer fin de semana del mes, le costará aterrizar en la realidad, pero los demás le ayudarán, aunque no siempre muy gratamente. Todo lo que tiene que ver con la sexualidad destacará y pensará en cualquier asignatura pendiente relacionada con el tema; todas sus distracciones y momentos de ocio irán relacionados con esto. De todos los signos del Zodiaco, usted es el menos dado a poner el sexo en un pedestal o a verlo como un refugio, así que, si la pelota llega a sus manos, o se meterá de lleno en el partido o la pasará rápido y exclamará el clásico «quedamos como amigos».

Octubre

Todo lo anterior será el telón de fondo durante este otoño, periodo en el que surgirán demonios internos que harán que se debata entre la teoría y la práctica. De todos modos, reconocerá que está viviendo un momento sensual, que aunque puede desviarle hacia otros placeres, le supondrá un aumento de su expresividad y su ternura.

Encontrará gente afín a sus gustos; además, su círculo de amistades y contactos está bien estimulado y las vibraciones afines que busca se darán en un lado u otro. Aproveche el momento.

Noviembre

Como es habitual, todo el mundo vive problemas de pareja y de convivencia. Aunque a usted no le pase en este preciso momento, recuerde que le tocará vivir el papel del asexuado Ganímedes, que echa un poco de agua fresca a los cansados viajeros de la rueda de la vida, o quizá le toque el papel de árbitro en la partida de tenis que juegan otros dos.

Como usted vive siempre muchos efectos dominó, antes o después le tocará jugar.

Diciembre

Desde finales de noviembre hasta el 21 de diciembre, se activarán sectores muy importantes: el de las relaciones de amistad, el de su ideología...

Sentirá que muchos problemas en los que anduvo metido en un tiempo muy lejano, tanto en la realidad como en su pensamiento, llegarán a su término, incluidos amoríos y otras relaciones.

La diferencia con otros años es que esta vez sabrá sobrellevar mejor las obligaciones ineludibles con su pareja y distinguir mejor aquellas parejas que realmente lo son o pueden llegar a serlo en el próximo año.

Para la mujer Acuario

No le gusta que la valoren por su grado de feminidad, lo que no quiere decir que, a su manera, no sea femenina; por el contrario, en la larga historia de la igualdad de sexos, se encuentran muchas de su signo. En la mujer Acuario, y también en el hombre, la cama puede estar arriba o en el sótano; la planta principal se reserva para las afinidades compartidas y otros espacios en el que cada uno va por libre. Contrariamente a lo que pueda parecer, para usted es muy importante la seguridad de la relación.

Para el hombre Acuario

El hombre y la mujer Acuario son muy parecidos en los esquemas generales, pero el primero es más proclive a repetir los esquemas familiares de los que pretendía huir. Si no es un hombre maduro, llevará a su relación de pareja y a toda la familia a unos límites peligrosos, aunque intentará compensar esto con unos momentos maravillosos. Para él, es muy importante la educación de su prole. No le da mucha importancia a la seguridad de la pareja, si su sueldo es muy parecido o mayor al del cónyuge.

Salud

Primer trimestre

Aunque parezca que muchos Acuario están muy sanos, realmente no es así. Sobre todo su sistema nervioso es muy sensible. Los eclipses de este año caerán en su eje de salud; por lo tanto, hasta que usted no cumpla años, estará expuesto al del 15 de enero. Protéjase y anticípese hasta el límite de lo posible ante todo lo que pueda pasar. Estos problemas de salud afectarán también a lo mental y a lo afectivo, y serán más importantes cuanto más sorprendido por ellos se vea. Todo ello pasará sobre todo durante la segunda quincena de enero, con un bajón durante los últimos días del mes.

Tanto febrero como marzo son meses álgidos para usted, y en esto se incluye la salud. La Luna nueva del día 15 de febrero y sus efectos le traerán trastornos psicofísicos o reactivarán otros que lleva arrastrando algunos años pero, sea por previsión, sea porque este es su destino, ahora tiene más posibilidad de sobrellevarlos. No obstante, se verá expuesto a contagios, problemas relacionados con la humedad o alguna preocupación mental persistente.

La Luna del 15 de marzo caerá junto a su planeta, Urano, lo que afectará a todo lo que tiene que ver con la movilidad y con el sistema nervioso y el circulatorio, aunque todo lo dicho para la anterior Luna en cuanto a protección se refiere puede aplicarse aquí otra vez.

Segundo trimestre

Los dos primeros trimestres del año, Marte anda en su contra, lo que puede traducirse en altibajos en la vitalidad y en el humor, y problemas circulatorios, con el consecuente desgaste por mantenerse a flote. Estos problemas irán más allá de los dos primeros trimestres y afectarán a lo muscular, trastorno propio de Marte, a la visión, a la espalda y a los tobillos.

Pasada la Pascua, sus dos planetas, Saturno y Urano, volverán a entrar en conflicto en el eje universal de la salud, y, en relación con su signo, se verá afectado sobre todo el eje de la economía. Así que son de esperar gastos relacionados con sus problemas sanitarios y puede que, como consecuencia, se desorganice su modo de ganarse la vida. No se preocupe porque contará con algún tipo de protección, sea por parte de unas cuantas personas que le sirven de colchón, sea porque podrá adaptar los tratamientos sanitarios a su circunstancia.

Algunos Acuario harán gala de esa parte díscola proverbial de su signo: cambiarán por cambiar, experimentarán con el método de acierto-error, aunque sus consecuencias dependerán de si tienen un historial de salud leve o más complicado. Es posible que algunos Acuario puedan tener también problemas dentales o de afonía, o catarros mal curados.

El sistema hepático y la función gastrointestinal también pueden verse alterados; quizás espere un tiempo para buscar una solución a estos problemas.

Entre la última semana de mayo y la primera de junio, Venus pasará por el sector sanitario, lo que será un buen momento para encontrar el equilibrio y para que los problemas de salud le den una tregua. Propicie los remedios caseros y las dietas líquidas.

Tercer trimestre

El eclipse del 11 de julio caerá de lleno en la casa de los cuidados de la salud y los asuntos menores del cuerpo, lo que le exigirá quedarse más tiempo de baja para solucionar sus problemas. Es un buen momento para «vaciar la papelera», no sólo en el sentido metafórico de la expresión: aproveche para tirar todo aquello que no utiliza y que le altera sólo verlo.

En verano, Urano pasará por el ígneo signo de Aries, y allí donde va su signo, se traslada también una parte de usted muy importante. Si esta situación alcanza el terreno sanitario, tendrá asegurados los trastornos mentales; además, deberá cuidar la integridad física de su cabeza y todo lo que tiene que ver con la seguridad personal, especialmente al conducir en vías rápidas interurbanas.

Cuarto trimestre

Este es otro trimestre en el que Urano vuelve a la situación anterior, es decir, se darán los trastornos que tuvo en el primer trimestre o que viene arrastrando durante años, pero con mucha ayuda logrará acabar el año con éxito. De los problemas que sufrirá, destacan los trastornos de ansiedad, del sueño, de los pies y otros altibajos pasajeros o quizá crónicos. Sentirá un gran interés por las dietas a base de líquidos y es conveniente que coma de forma más natural.

También es un buen periodo para tratar todo lo relacionado con la evacuación y los resfriados mal curados. Los problemas sexuales, como la frigidez, la impotencia, la inapetencia, etc., le afectarán, aunque no les dé importancia.

Economía y vida laboral

Primer trimestre

A principios de año, se cierran frentes profesionales o de estudios que, en estos últimos tiempos, han generado tanto ingresos como gastos. Ahora es el momento de que entren otras personas, otros escenarios, que vendrán sin que usted tenga que buscarlos. Aun así, navegará entre dos aguas: tendrá oleadas simultáneas de beneficios y de gastos. Deberá mantener un mayor control de sus finanzas.

Febrero y marzo son meses estratégicos en cuanto a los ingresos y a los gastos; pero lo más interesante será la actitud que tenga ante el mismo hecho de poseer: cómo lograr más y qué significado tiene, a quién hay que unirse o a quién hay que atraer para conseguir más, etc. Hará suya la expresión «si lo necesitas mucho y lo deseas poco, lo tendrás». De esta manera, como si fuera un milagro, vendrán y se irán las trabas de sus problemas financieros.

Los nacidos en la última parte del signo estarán más sujetos a cábalas y puede que la realidad les dé un chasco en este periodo, a no ser que sean un poco hormiguitas y se hayan puesto a ahorrar.

Segundo trimestre

Después de Pascua, se abrirá un periodo promisorio en asuntos materiales y en los que es autónomo, trabaja en equipo o depende de un negocio familiar.

De todas formas, tendrá que contar con un elemento contrario de Marte en abril, para los nacidos en el primer decanato, hasta el 20 de mayo, para los del segundo, y hasta el 7 de junio, para los del tercero. Al ser regente conjunto de su sector, indica el camino de la vida y del entorno profesional. Algunos asuntos dependerán de que los otros muevan ficha para, a su vez, movilizar las posturas. Concretamente, en el sector del empleo, puede tratarse de iniciativas que lo presionan desde la dirección y usted, a su vez, debe presionar a otros, sobre todo si hay que aumentar la producción.

Desde la última semana de mayo hasta mediados de junio, Venus, en el sector laboral, ayudará a aunar voluntades con el fin de resolver los problemas, lo que hará evidente la mala gestión o el efecto de la coyuntura. Es tiempo de tributos, y en el terreno laboral se dará una situación similar a la del año pasado, pero aún más complicada, a no ser que existan situaciones de multas e impuestos, e historias de deudas propias del sector 8.

Tercer trimestre

Durante el mes de julio, es posible que su empleo sufra una radical transformación en lo que se refiere a lugar, métodos, función, etc., a no ser que ande muy ocupado con asuntos privados; en ese caso, el problema se centrará allí. Si se trata de un cambio en el empleo, usted ya tendrá otros planes más arriesgados bajo la manga y más en consonancia con sus gustos y con la época que vivimos, aunque por el momento vivirá una fase experimental.

En algunos Acuario, todo esto se traducirá en una necesidad de cambios de determinados aparatos, tanto en el terreno profesional como en el ocio, que podrá obtener a buen precio o en usufructo.

Pasado el verano, volverá a las antiguas aguas con más confianza y la autoestima más alta. Verá los problemas que se presentan en el terreno económico, profesional y social con mayor perspectiva; los más optimistas dirán, como el gaucho Martín Fierro ante los fugitivos: «No pregunto cuántos son, sino que vayan saliendo».

Cuarto trimestre

Saturno da un paso más firme en el sector de sus ideales y creencias, y en el modo de encontrar espacio para ellos en un mundo tan cambiante. Si está ligado a asuntos internacionales, estos gravitarán aún más, especialmente en noviembre, por problemas en el transporte y la política.

Paralelamente, se verá obligado a cerrar filas con los suyos por la situación anterior o por nuevas reglas del juego impuestas por la coyuntura o las leyes, aunque alguno de sus colegas no esté de acuerdo. Si esto afecta a su principal fuente de ingresos, no se preocupe porque siempre le quedarán las secundarias, que serán más fluidas y cubrirán sus gastos y su creciente deseo de llegar a conseguir algo, su panacea. Será como estar a orillas del mar: tanto puede venir una botella con el mapa del tesoro dentro como un pez ya con anzuelo.

Si las nuevas iniciativas se encuentran en suspenso, no han llegado a cuajar o precisan cambiarse, no se inquiete, pues el año que viene contará con más posibilidades de iniciar una nueva vida o de plantear un nuevo camino para satisfacer sus intereses.

Vida familiar

Primer trimestre

En la primera parte del mes, aún le quedará alguna resaca de las fiestas y no pasará el mejor momento en sus relaciones conyugales. Puede ser blanco de reproches y, según cómo, cualquier propuesta que presente se verá desmontada. Desde mediados de mes hasta mitad de febrero, Venus, su regente hogareño, pasará por su signo pero, tal como está el patio, se encerrará en su mundo y en sus aficiones.

A partir del 13 de febrero, haya o no cumplido años, se sentirá muy inquieto y será actor o espectador de acontecimientos que se saldrán de lo rutinario (problemas de salud, desperfectos, reparaciones, etc.), pero también tendrá más interés por sus hijos, pues piensa que necesitan algún tipo de orientación o una vigilancia más estrecha, lo indiquen o no las apariencias.

A partir del 8 de marzo, los problemas de cada uno irán a un ritmo diferente y las relaciones conyugales quedarán en pausa, aunque en algunos casos puede darse mayor aproximación, si se tiene en cuenta las vacaciones de Semana Santa.

Segundo trimestre

El tándem Venus-Mercurio estará en el sector hasta el día 25 de abril, aunque Mercurio seguirá ahí la mayor parte del periodo, lo que le permitirá centrarse en asuntos prácticos, pues ya cuenta con más recursos.

Tras el 12 de mayo, algunos asuntos que le preocupaban en el terreno del hogar y de la familia se aclararán, aunque el hecho de la actitud que debe tomar lo pondrá en un aprieto, tanto si se trata de algo positivo como negativo. De una u otra manera, tendrá que sortear algunos escollos con los que no contaba.

En las proximidades del verano se verá obligado a adoptar un talante más resolutivo. A mediados del mes de junio, delegará parte de sus asuntos en su cónyuge o, quizá, sea este quien tome las riendas, lo cual le disgustará.

Tercer trimestre

Antes y después del 11 de julio, los asuntos relacionados con el hogar, la familia y las propiedades cobrarán importancia, y harán ajustar su situación particular. Será un mes en el que se verá expuesto a multas, por su culpa o por otros miembros de la familia, pero si se trata de algo más grave contará con el apoyo decidido de todos los que le rodean y aprecian.

A finales de mes, deberá vigilar que no dañe los intereses de los otros al ir tanto por libre, es decir, sólo un poco más de lo que en usted es corriente.

Por una u otra razón, centrará muchas expectativas en el mes de agosto. No querrá aburrirse pero, como es habitual, se llevará el ordenador a su lugar de vacaciones y se desquitará de esa excitación que siente por la vía virtual. Quizá tenga suerte en el juego.

Desde principios de septiembre y hasta finales de año, su regente hogareño, Venus, pasará por su sector de avances en la vida, lo que pondrá algo de pimienta a su relación; sin embargo, al mismo tiempo, le ayudará a reformar algunas condiciones de su vida o los juegos psicológicos que se trae entre manos, llenos de intrigas y trampas, cuando no de desconfianza, propios de aquellas personas que viven juntas. Para los que se inician en este tipo de tango, deben vivir esto con el secreto placer de un mejor conocimiento mutuo.

Cuarto trimestre

Con la llegada del mes de octubre llegará a ciertas conclusiones que le permitirán mejorar las relaciones de convivencia o, dado el caso, vivirá una tregua en la que no habrá ni ganadores ni vencidos; además, tendrá la posibilidad, de forma intermitente, de mostrar los mejores rasgos de su carácter y de su personalidad. Por lo menos, eso es lo que usted creerá.

A partir del 9 de noviembre y a lo largo de todo el mes, reducirá la marcha en lo que a asuntos del hogar se refiere. Su talante general será más abierto, aunque tenga que afrontar problemas en común con su cónyuge; lo harán como si no hubiese pasado nada, lo que le ayudará a sortear problemas de todo tipo.

Ya entrado diciembre, sus allegados lo ayudarán a conseguir sus fines, ya que espera un Papá Noel con la bolsa llena, y así será.

www.ingramcontent.com/pod-product-compliance
Lightning Source LLC
Chambersburg PA
CBHW060209050426
42446CB00013B/3030